Diabète

Faits importants
Histoires inspirantes

SÉRIE

VIVRE EN SANTÉ

Byron Hoogwerf, M.D.

The Cleveland Clinic

Diabète

Faits importants
Histoires inspirantes

Traduit par Renée Thivierge

BÉLIVEAU
éditeur
Montréal, Canada

L'édition originale de cet ouvrage a été publiée sous le titre
CHICKEN SOUP FOR THE SOUL
HEALTHY LIVING SERIES: *DIABETES*

Health Communications, Inc., Deerfield Beach, Floride (É.-U.)
ISBN 0-7573-0488-5

Réalisation de la couverture: Alexandre Béliveau

Dépôt légal: 1er trimestre 2007
Bibliothèque et Archives nationales du Québec
Bibliothèque nationale du Canada

ISBN 978-2-89092-378-2

BÉLIVEAU éditeur
5090, rue de Bellechasse
Montréal (Québec) Canada H1T 2A2
514-253-0403 Télécopieur: 514-256-5078

www.beliveauediteur.com
admin@beliveauediteur.com

Nous reconnaissons l'aide financière du gouvernement du Canada par l'entremise du Programme d'aide au développement de l'industrie de l'édition pour nos activités d'édition.

IMPRIMÉ AU CANADA

Craignez moins, espérez plus,
mangez moins, mastiquez plus,
gémissez moins, respirez plus,
parlez moins, dites plus,
aimez plus,
et toutes les bonnes choses
seront vôtres.

— PROVERBE SUÉDOIS

Table des matières

Introduction

« *Vous avez le diabète.* » Juste quatre petits mots, mais si on les rassemble, ils forment une phrase très puissante. Et peu importe le nombre de fois où j'ai annoncé cette nouvelle à des patients, je ne sais jamais vraiment comment ils réagiront.

Recevoir un diagnostic de diabète peut provoquer un grand choc. Et pour cause, car le diabète est une maladie grave. Après avoir appris la nouvelle, de nombreux patients traversent une gamme d'émotions diverses — incluant souvent la colère, le déni, la tristesse, et parfois même un état dépressif.

Heureusement, la plupart des patients apprennent rapidement à accepter leur diagnostic et adaptent les rigueurs de la gestion du diabète à leur mode de vie, du moins en bonne partie. Je n'irais pas jusqu'à dire qu'un patient devrait sauter de joie en apprenant qu'il est diabétique, mais il est possible de faire de la limonade quand la vie vous tend ce bol de citrons.

Le meilleur des scénarios ? Vous reconnaîtrez ce diagnostic comme étant un avertissement qui vous indique que vous avez été négligent dans le maintien d'un mode de vie sain optimal. Vous vous servirez de ce diagnostic comme d'une motivation pour vous engager dans une approche totalement nouvelle pour vivre sainement.

Si vous avez de la chance — et si vous êtes suffisamment sérieux pour vous en tenir à votre nouveau mode de vie plus sain —, vous pourriez même être en mesure de réduire, de retarder ou même d'éviter le besoin de médicaments.

Cependant, pour les personnes diabétiques, la médication constitue parfois une réalité de la vie. Mais tout aussi importants que le contenu d'une pilule ou d'une seringue sont les autres « traitements », par exemple conserver une bonne attitude et tirer profit d'un solide réseau de soutien.

Vous vous posez probablement de nombreuses questions sur le diabète, et j'espère bien que je répondrai à la plupart d'entre elles dans cet ouvrage. Mais ce qui est sans doute plus important, c'est mon souhait que les expériences de diabète partagées par les collaborateurs de ce livre vous inspirent et vous éclairent — et, dans certains cas, vous fassent rire, ce dont vous avez grandement besoin.

Je vous laisse sur cette dernière pensée: même le meilleur traitement médical n'aura qu'un succès limité si vous ne nourrissez pas en même temps votre Moi intérieur et votre santé émotionnelle.

Je vous souhaite une vie saine et heureuse, avec ou sans le diabète.

♥ BYRON HOOGWERF, M.D.
The Cleveland Clinic

Je ne suis pas capable

« Je ne suis pas capable », a laissé échapper Adrian alors que je commençais à lui expliquer comment compter les hydrates de carbone pour contrôler sa glycémie. « Je dois me donner quatre injections par jour et vérifier ma glycémie dix fois par jour, et maintenant vous voulez aussi que je compte le nombre d'hydrates de carbone que je suis censé manger? Je veux seulement avoir du plaisir comme tous mes amis et ne pas penser à tant de choses. Je vois ce qui arrive aux gens qui ont le diabète. Pourquoi devrais-je même m'en donner la peine? » Adrian paraissait à bout de force. Être en vie était devenu une corvée dont il n'était pas très enthousiaste de s'acquitter.

À dix-huit ans, Adrian devait affronter plusieurs problèmes psychologiques liés à son diabète. Il était trop jeune pour être aussi responsable de sa santé. Adrian avait plusieurs préoccupations; il devait suivre un programme — un programme exigeant. Ses amis ne partageaient pas du tout ce niveau de responsabilité. « Adrian, laisse-moi te raconter une petite histoire », lui ai-je dit, espérant que je pourrais aider à transformer son point de vue sur cette maladie. Je voulais qu'il prenne conscience qu'il y a moins d'un siècle, il en serait mort.

« Tu vois, Adrian », ai-je dit en commençant mon histoire, « avant 1922, les enfants mouraient de faim à cause du diabète. Sans insuline, ils étaient incapables de nourrir leur corps avec de l'énergie ou du sucre, et le corps se dévorait littéralement lui-même jusqu'à la mort. James Havens, le fils du vice-président d'Eastman Kodak, a été le premier enfant aux États-Unis à être traité avec de l'insuline. Il pesait moins de trente-trois kilos et il était mourant. L'insuline lui a sauvé la vie. Teddy Ryder, âgé de cinq ans, ne pesait plus que douze kilos et approchait de la mort quand il a reçu de l'insuline. Il a ensuite vécu jusqu'à soixante-seize ans. Puis il y a eu Elizabeth Hugues, la fille de Charles Evans Hugues, secrétaire d'État des États-Unis. Le diabète avait ravagé son corps au point où elle pesait moins de vingt kilos, et elle était à peine capable de marcher. Son médecin lui a prescrit un régime draconien pour prolonger sa vie. Ce régime lui a permis de vivre assez longtemps, jusqu'à ce que l'on découvre un traitement. Quelques semaines après la découverte de l'insuline et sa visite au docteur Banting à Toronto, elle a commencé à gagner du poids et sa santé s'est améliorée de façon considérable en peu de temps. Elizabeth s'est mariée et a eu des enfants. Elle est décédée à l'âge de soixante-treize ans. »

« Il y a quatre-vingts ans, tu ne serais pas resté en vie à moins d'avoir été l'un des chanceux qui ont survécu assez longtemps pour profiter de la découverte de l'insuline. Pour toi, Adrian, le chemin d'une vie longue et saine t'attend si tu as envie de le suivre. Je te donnerai les outils pour sauver ta propre vie, le reste dépendra ensuite de toi. »

Adrian s'est assis, immobile, méditant sur sa maladie, sa vie et les choix qu'il était obligé de faire. « Trente-trois kilos et vingt kilos? Comment ont-ils pu vivre? » demanda Adrian, semblant accablé par le pouvoir destructeur de « sa » maladie.

« En tant qu'êtres humains, nous voulons survivre. Nous nous battons jusqu'à la fin. Leur combat a été douloureux, impossible à maîtriser et terriblement angoissant. Tout ce qu'ils pouvaient faire, c'était de prier pour qu'un traitement ou un remède soit découvert avant que leur corps n'abandonne la partie, ai-je dit. Et pour *certains*, leurs prières ont été exaucées. »

« Je suppose que ces enfants étaient tellement reconnaissants d'être en vie qu'ils étaient heureux de suivre un plan de traitement très strict », dit Adrian, prenant conscience à quel point il avait de la chance. « Alors, avez-vous dit que je dois m'injecter cinq unités d'insuline pour mon petit-déjeuner? »

« Oui, et si tu le veux, je peux te donner d'autres exemples de petits-déjeuners et nous pourrons évaluer la quantité d'insuline qui sera nécessaire. Et tu sais quoi? Je parie qu'un remède est pour bientôt. Peut-être pourrais-tu te joindre à moi samedi prochain pour la *Marche pour la guérison du diabète*? »

« J'y serai! » Alors que notre discussion se terminait, Adrian souriait. Sa nouvelle perspective de la vie ne faisait que commencer.

♥ *Page Garfinkel*

Une équipe de soutien du diabète médaillée

J'ai passé toute ma vie à bien manger, à faire de l'exercice et à m'occuper de ma santé. Une telle chose n'était pas censée arriver à une personne comme moi. J'étais un nageur olympique, un athlète de niveau international. Mais en 1999, j'ai commencé à éprouver certains symptômes, comme ma vision qui s'embrouillait, une fatigue constante et une soif inextinguible. Finalement, après m'être évanoui pendant une fête, j'ai reçu le diagnostic de diabète de type 1 à l'âge de 25 ans.

Comme la plupart des personnes diabétiques vous le diront, il n'est pas facile de faire le premier pas décisif et d'admettre que vous avez besoin d'aide ; certains soutiendront que c'est le pas le plus difficile dans le processus de soins du diabète. Je suis ici pour vous dire que ce n'est pas plus facile lorsque vos médecins vous apprennent que vous ne pourrez plus jamais faire ce pour quoi vous vous êtes entraîné toute votre vie. J'étais à une semaine des Championnats nationaux du printemps et je me sentais plus confiant dans ma façon de nager, mais j'ai eu soudain l'impression que tout mon monde s'écroulait autour de moi. Ma petite amie à ce moment-là — maintenant mon épouse — est devenue mon réseau de soutien. Elle est demeurée à mes côtés même quand je voulais tout abandonner, et elle m'a encouragé quand je n'étais plus certain de refaire, un jour, de la natation de compétition. J'ai eu de la chance.

Comme athlète olympique, j'avais l'habitude d'être entouré d'une équipe qui travaillait avec moi pour m'aider à m'entraîner et à atteindre mes objectifs. Après une recherche approfondie, j'ai pu ajouter des experts en diabète à mon équipe d'entraîneurs. Je me suis entouré d'une équipe de spécialistes de partout au pays, qui croyaient que je continuerais à nager et qui savaient que je pourrais viser l'or malgré mon diabète. Ils m'ont aidé à apprendre comment prendre soin de moi: comment contrôler ma glycémie pour éviter qu'elle soit trop haute ou trop basse, comment et quand injecter mon insuline — ma bouée de sauvetage. Essentiellement, j'ai dû réapprendre comment vivre ma vie pour y intégrer mes besoins en soins du diabète.

Tout le monde n'est pas aussi privilégié. Depuis l'annonce de mon diagnostic, j'ai été très actif dans la communauté du diabète, et je croise souvent des gens qui se sentent seuls avec le défi de gérer leur maladie. Quand je me suis engagé dans le programme BD Diabetes Makeover, j'ai eu la chance de rencontrer quelques personnes qui m'ont rappelé à quel point j'étais favorisé. Les participants à ce programme provenaient de tous les coins du pays pour apprendre à mieux contrôler leur diabète. Comme tant d'autres, ils avaient perdu la motivation, quelque part dans leur vie occupée, souvent trépidante, pour donner à leur diabète l'attention requise. Certains n'avaient pas accès aux bons outils et à la bonne information. Pour d'autres, la simple mention du diabète était accueillie par un grognement, tout en admettant dans leur esprit qu'ils devaient commencer à contrôler plus résolument leur diabète pour ramener leur glycémie à un taux normal.

Au début, quand j'ai rencontré les participants de Makeover, j'ai été immédiatement impressionné par leur enthousiasme. Leur esprit d'équipe me rappelait celui auquel j'avais été habitué au niveau olympique. Tout le monde, incluant les athlètes olympiques, a besoin d'encouragement et de soutien — et la salle en était remplie. En dépit du fait que j'étais là pour participer tout comme eux, ils sont devenus mon inspiration. La détermination que j'ai lue dans les yeux de ces personnes ordinaires qui avaient décidé de prendre le contrôle de leur vie me motive à tester ma glycémie quand je n'en ai pas envie, à me donner cette injection supplémentaire d'insuline, et à nager une longueur de plus pendant l'entraînement.

Cette manière d'aborder le diabète en équipe a récompensé les participants, tout comme elle l'a fait pour moi. J'ai pu ainsi remporter quatre autres médailles aux Olympiques de 2000, et deux autres de plus en 2004. Mais ces médailles n'appartiennent pas seulement à moi, pas seulement à mon équipe d'entraîneurs et de médecins, mais aussi à tous ceux qui sont déterminés à contrôler leur diabète et à prendre leur vie en main.

♥ *Gary Hall Junior,*
10 fois médaillé olympique
en natation

UN AVERTISSEMENT

Le diabète est une maladie par laquelle le corps ne produit pas assez d'insuline ou ne l'utilise pas correctement. L'insuline est essentielle pour que votre corps continue à fonctionner adéquatement.

Le diabète est une maladie grave qui ne doit pas être prise à la légère. Pour de nombreuses personnes, il est possible que le diagnostic puisse en fait avoir un effet positif, car il leur fournit l'avertissement indispensable d'effectuer certains changements importants dans leur vie et dans leur mode de vie.

DES FAITS SUR LE DIABÈTE

En jetant un coup d'œil aux statistiques importantes sur le diabète, il est évident qu'il s'agit d'une préoccupation majeure.

- *5,8 millions d'Américains souffraient du diabète en 1980.*
- *En 2002, ce chiffre a augmenté à 13,3 millions.*
- *Aujourd'hui, le diabète touche 18 millions de personnes, soit 6 pour cent de l'ensemble de la population.*
- *Un tiers des personnes atteintes de diabète ignorent qu'elles en souffrent.*

---

* *On estime à près de 550 000, le nombre de personnes diabétiques au Québec. Parmi ce nombre, environ 225 000 personnes ignorent leur état. L'Organisation mondiale de la santé prévoit que le nombre de personnes diabétiques doublera d'ici l'an 2025, faisant du diabète la nouvelle épidémie.*

Source: www.diabete.qc.ca
(Statistique révisée en 2004)

PENSEZ-Y...

CE QUE SIGNIFIE LE DIABÈTE POUR MOI

- De quels symptômes graves et complications (s'il y en a) dois-je m'occuper immédiatement?
- Quels changements dans mon mode de vie puis-je effectuer immédiatement?
- Ai-je besoin d'insuline, de pilules ou d'autres traitements réguliers? Si oui, comment puis-je les intégrer dans mon horaire quotidien?
- Ai-je besoin de consulter un médecin spécialiste?
- Comment puis-je le mieux tirer profit de l'aide d'amis et de la famille?
- Comment puis-je trouver un bon réseau de soutien?
- Quels changements à long terme puis-je effectuer dans mon mode de vie pour améliorer ma santé?

Et peut-être le plus important:

- Comment puis-je voir tout ceci sous un angle positif et maintenir une bonne attitude?

Le cadeau

Cette journée de printemps était particulièrement superbe lorsque je suis allée voir ma gynécologue pour un examen de routine et que j'ai tendu mon doigt pour une piqûre. C'était la première fois que le bureau demandait un petit échantillon de sang, reconnaissant ainsi qu'un gynécologue est souvent le seul médecin que de nombreuses femmes consultent.

Je me sentais au sommet du monde ce jour-là. La quarantaine s'avérait être une période de liberté, de croissance et de formidable bien-être. Je n'avais pas eu de rhume depuis des mois. Mon poids était bon. De quoi devais-je m'inquiéter?

« Votre glycémie est extrêmement élevée », m'a annoncé sans cérémonie ma gynécologue. « Qu'avez-vous mangé avant de venir ici? »

J'ai raconté mon péché presque de façon guillerette, ne comprenant pas encore. J'avais mangé comme à l'habitude: un bagel gras et une barre de chocolat au beurre d'arachide, ma gourmandise quotidienne. Docteure J. ne souriait pas. En fait, elle paraissait plutôt grave lorsqu'elle me conseilla de voir immédiatement un endocrinologue. La lecture dans son bureau s'était élevée à 300. Une heure après avoir mangé, ai-je appris plus tard, une glycémie normale aurait été beaucoup moins élevée, probablement entre 120 et 140.

L'endocrinologue m'a fait passer un autre test et, encore une fois, a trouvé mes résultats plus élevés que la normale. Ça commençait à être alarmant…

Toute ma vie, j'ai été obsédée par mon poids. Enfant, j'étais potelée et j'avais juré de ne jamais être autrement que mince, alors j'ai sauté dans les eaux dangereuses d'une alimentation insensée. Pour satisfaire à la fois mon obsession et mon faible pour les sucreries, j'ai pratiquement vécu ma vie adulte en consommant des doses minimes de confiseries en barre, de biscuits et d'occasionnelles protéines. Il est extraordinaire que j'aie pu me nourrir ainsi, sans incident, aussi longtemps que cela a duré.

Ah, mais les gens admiraient ma minceur — et c'était la récompense discutable de telles habitudes alimentaires d'autopunition. J'étais fière de pouvoir me glisser dans une taille huit depuis des décennies.

Mais soudainement, je n'étais plus seulement une femme qui avait un faible pour les sucreries. J'étais prédiabétique. Et tout à coup, le régime alimentaire que je m'étais imposé pour porter une taille huit m'a semblé complètement fou et, oui, dangereux.

Maintenant, la vie est vraiment différente. J'ai une nouvelle et profonde conscience de l'importance de mon régime alimentaire et de l'exercice dans ma vie, et je prends la chose au sérieux. Il m'a fallu des mois, même des années, pour que j'apprenne à savourer des aliments qui me feraient le plus grand bien en retour. Je suis aussi excitée — enfin, presque — à dévorer une énorme salade santé que je l'étais avec les biscuits aux brisures de chocolat d'antan.

Je suis aussi la fière propriétaire d'un nécessaire de test personnel qui me permet de vérifier et de contrôler régulièrement ma glycémie. Et en tant qu'ancienne poltronne confirmée qui s'évanouissait presque à la vue d'une aiguille, je suis heureuse de souligner que je fais mes piqûres au doigt sans même broncher. Je sais à quel point une surveillance continue est importante.

Ce qui me hante toujours, c'est que je n'avais pas le moindre symptôme. Cette prise de conscience me garde déterminée à travailler fort pour éviter ce que je considère comme le fait de tomber d'une falaise menaçante: développer un diabète généralisé.

Jusqu'ici tout va bien. Mes glycémies sont dans les limites définies pour moi, et c'est là qu'elles demeurent depuis mai 1994.

Et qu'est-il arrivé à ma fierté de porter une taille huit? Il y a eu du changement. Étant donné mes nouvelles habitudes alimentaires saines, et un programme d'exercices qui inclut des promenades quotidiennes en soirée avec mon mari, au cours desquelles nous résolvons les problèmes du monde, je porte maintenant une taille six.

Est-ce que je m'en tiens parfaitement à une vie saine? Bien sûr que non. Il y a encore des moments où une barre de chocolat au beurre d'arachide résout plus de problèmes émotionnels qu'un bâtonnet de carotte. Mais je conserve les barres de chocolat au beurre d'arachide dans le congélateur, et je les achète une à la fois pour qu'il me soit plus difficile d'y avoir accès.

Sur la porte de notre réfrigérateur, il y a un petit bout de papier jauni. C'est la note originale de ma gynécologue, les sinistres chiffres de ma glycémie gribouillés en lettres grasses de son écriture à peu près indéchiffrable.

Cela me rappellera toujours le « cadeau » de cette prise de sang, il y a longtemps, et à quel point cela a changé ma vie. En termes réels et symboliques, cette petite goutte de sang l'a peut-être même sauvée.

♥ *Sally Friedman*

LE DIAGNOSTIC

Il est relativement facile de diagnostiquer le diabète. Voici le processus typique:

- Symptômes indiquant la possibilité de diabète;
- Test sanguin initial pour vérifier le niveau de sucre;
- Test de glycémie veineuse à jeun;
- Test d'urine pour vérifier les niveaux de sucre et de cétone.

DIABÈTE DE TYPE 1

Si vous avez reçu un diagnostic de diabète, vous vous classez dans l'un des deux types principaux. Le premier, le diabète de type 1, implique une défaillance dans la production d'insuline.

- D'abord appelé *diabète juvénile*, ce type de diabète est souvent diagnostiqué durant l'enfance (d'après l'American Diabetes Association, environ un enfant ou adolescent sur 400 à 500 en souffre).
- Bien qu'on le détecte fréquemment pendant l'enfance, il peut se développer à tout âge.
- Même si la cause exacte du diabète de type 1 est inconnue, c'est une maladie « auto-immu-

nitaire » par laquelle des anticorps endommagent les cellules qui produisent de l'insuline.

- Il n'existe aucun vaccin contre le diabète et aucune façon de le prévenir, du moins dans le cas du diabète de type 1.

DIABÈTE DE TYPE 2

- La majorité des personnes atteintes de diabète ont le type 2.
- Les médecins n'ont pas encore trouvé la cause exacte de ce type de diabète, mais les personnes qui ont des antécédents familiaux de la maladie semblent être plus à risque.
- Contrairement aux gens qui ont le diabète de type 1, ceux qui souffrent du diabète de type 2 produisent de l'insuline. Mais ils en produisent en quantité insuffisante, ou l'insuline est mal utilisée. Ceci cause une résistance à l'insuline — en d'autres mots, le corps ne se sert pas correctement de l'insuline.
- La plupart des personnes souffrant du diabète de type 2 font de l'embonpoint.

Sur une note positive, il est possible de prévenir le diabète dans la majorité des cas. Les étapes de prévention incluent:

- Surveiller son poids;
- Suivre un régime alimentaire raisonnable;

- Faire régulièrement de l'exercice (au moins 150 minutes par semaine).

D'AILLEURS, QU'EST-CE QUE L'INSULINE?

On ne peut parler du diabète sans discuter de l'insuline. Qu'est-ce que l'insuline exactement? L'insuline est une hormone produite par le corps. Sa tâche consiste à distribuer des éléments nutritifs — particulièrement le glucose — aux cellules des différentes parties du corps. Vous rappelez-vous de quelle façon le glucose voyage à travers votre corps grâce au processus métabolique? Eh bien, il ne peut pénétrer de lui-même dans de nombreuses cellules. Il a besoin de l'insuline pour être transporté dans les cellules musculaires afin de fournir de l'énergie, et dans les cellules graisseuses pour emmagasiner des réserves. L'insuline commence généralement à accomplir son travail après un repas. Si vous consommez un aliment à haute teneur en sucre, votre corps aura besoin d'une grande quantité d'insuline pour le traiter.

EST-IL POSSIBLE QUE VOUS SOYEZ DIABÉTIQUE?

De nombreux diabétiques ne présentent aucun symptôme évident. Si une personne que vous aimez est diabétique, c'est maintenant le bon moment d'aller vous aussi subir des tests. Voici quelques symptômes communs qui sont souvent des signes révélateurs de diabète:

- avoir toujours soif, particulièrement lorsque c'est accompagné d'une miction fréquente;
- perdre du poids;
- se sentir constamment fatigué.

Les facteurs de risques incluent:

- les antécédents familiaux;
- les problèmes de poids;
- la tension artérielle élevée;
- le mode de vie sédentaire;
- l'âge;
- l'origine ethnique (les Hispaniques, les Amérindiens et les Afro-américains ont un risque plus élevé).

Si vous présentez un des symptômes, ou tout autre signe, qui vous fait soupçonner une probabilité de diabète, voyez votre médecin sans tarder.

PENSEZ-Y...

QUESTIONS À POSER À MON MÉDECIN

Quel est mon type de diabète? ____________________

____

À quel point ma glycémie est-elle élevée? ________

____

Quel plan de traitement recommandez-vous? _____

____

Pourquoi me donnez-vous ce type de médicament? Comment agit-il? Quels sont les effets secondaires possibles? ______________________________

____

Pouvez-vous me donner un bon plan de régime alimentaire, ou me recommander un nutritionniste qui peut le faire? ____________________________

____

Est-ce qu'il y a lieu de s'inquiéter au sujet d'un de mes signes vitaux ou résultats d'analyse en laboratoire (taux de cholestérol, tension artérielle, poids, etc.)? ____________________________________

____

Un réveil alarmant

Comme c'est le cas pour de nombreux événements de la vie, le diabète m'est arrivé à un moment où je ne m'y attendais pas. J'ai peut-être vécu avec cette maladie pendant des années sans le savoir, puisque je ne présentais aucun des symptômes classiques dont on parle dans les livres, comme la sensation de mourir de soif. De fait, je me sentais bien, même si je savais, jusqu'à un certain point, que j'étais génétiquement disposée au diabète de type 2 (qui débute à l'âge adulte). Mais comme le dit le vieil adage: « Si ce n'est pas brisé, ne le réparez pas », je n'ai pas pensé à subir des tests. Pourquoi chercher les problèmes?

Puis, un jour, il y a environ dix ans, un dépliant s'est retrouvé dans ma boîte aux lettres, annonçant un Salon de la santé dans la banlieue où j'habite. Je pense maintenant que ce fut le jour le plus chanceux de ma vie, car je suis certaine que, si je ne m'étais pas donné la peine de me rendre à pied au centre communautaire local, je ne serais pas en vie aujourd'hui.

J'y suis allée plus par curiosité que pour toute autre raison. Plusieurs tables étaient installées sur les lieux et des médecins y présentaient différents sujets; il était possible de passer des tests gratuits pour un large éventail de maladies. J'avais prévu me rendre aux tests de tension artérielle, mais la file était trop longue et je n'étais pas patiente. Comme il n'y avait personne à la table de tests de diabète, je m'y suis donc assise et j'ai accepté de passer ce test.

Le médecin m'a demandé de remplir un formulaire d'antécédents médicaux et, en lisant l'historique de diabète dans ma famille, elle a semblé étonnée de voir que je n'avais jamais subi de tests auparavant. Elle a pris une goutte de sang sur mon doigt, l'a déposée sur une bandelette et a mesuré ma glycémie. J'ai vu son visage blêmir alors que le résultat indiquait une lecture de 375. Ça ne voulait rien dire pour moi. Puis elle a refait le test, avec le même résultat.

« Je crois que je devrais appeler une ambulance, a-t-elle dit. Vous devez vous rendre à l'hôpital. »

J'ai ri et je lui ai répondu que je ne m'étais jamais sentie aussi bien. Mais après qu'elle m'a eu parlé sérieusement pendant quelques minutes, j'ai réalisé qu'il n'y avait pas de quoi rire. Je souffrais d'un cas grave de diabète et j'étais une candidate pour la maladie cardiaque, la néphropathie, la cécité, l'amputation d'un membre et la mort prématurée. Je ne voulais pas me rendre à l'hôpital, mais j'ai promis de consulter un médecin le jour suivant et de procéder à tout changement nécessaire dans mon mode de vie pour faire abaisser le taux de glycémie.

Donc, à soixante ans, j'ai commencé à vivre de façon raisonnable (en fait, j'apprends lentement!). J'ai toujours vécu une histoire d'amour avec la nourriture, spécialement les gâteaux, la crème glacée et le chocolat. Je n'ai pas adopté un régime draconien ou un autre qui m'aurait donné l'impression de me priver, mais j'ai pensé à tout ce que je faisais entrer dans ma bouche. J'ai fait des choix. Beaucoup de salades et un morceau de fruit quand il me fallait du sucré. Moins de gras, en achetant du lait à 1% plutôt qu'à 3,25%, et du yogourt et du fromage cottage sans gras. Des déjeuners riches en fibres avec du gruau, et beaucoup de son d'avoine. Quelques noix. Du poulet et du poisson ont remplacé en majeure partie la viande rouge. Une cuisine créative, utilisant des dattes, des raisins secs ou de petites quantités d'édulcorant artificiel lorsque nécessaire.

Ces changements dans mon régime alimentaire ont dû être accompagnés par de l'exercice. Au début ce fut difficile pour moi. Jusque-là, mon exercice le plus violent consistait à jouer au scrabble. Mais maintenant je quitte la maison à six heures chaque matin de la semaine et je marche rapidement pendant au moins quarante minutes. Petit à petit, j'en suis arrivée à aimer ce type d'exercice. Comme il y a moins de circulation à ce moment-là, l'air est plus pur et les seuls bruits sont le chant des oiseaux. La plupart des matins, je rencontre les mêmes personnes, des marcheurs comme moi, quelques joggers, des gens qui promènent leur chien. On ne se parle pas, mais on se sourit en passant. On se comprend les uns les autres. L'hiver c'est plus difficile, mais si je m'habille convenablement c'est encore possible, même s'il fait souvent noir quand je quitte la maison. S'il pleut abondamment, j'utilise mon vélo stationnaire et je fais du conditionnement physique à la maison.

Aussi paradoxal que cela puisse sembler, le diabète m'a permis d'apprécier tellement plus la vie. Il y a des choses que je veux faire, comme écrire plus de livres et danser aux mariages de nos dix-huit charmants petits-enfants. J'essaie de me souvenir d'un dicton que j'ai lu il y a de nombreuses années sur une merveilleuse maison chinoise érigée au cœur de Beijing. Un immense mur encercle le jardin et d'un côté, entourée de rosiers grimpants rouges et blancs est posée une plaque de cuivre d'environ soixante centimètres de long. L'inscription a transformé la vie de plusieurs personnes. Traduite, elle se lit: « Ayez du plaisir. Il est plus tard que vous ne le croyez. »

♥ *Dvora Waysman*

VOIR VOTRE DIAGNOSTIC SOUS UN ANGLE POSITIF

Il est facile d'avoir instinctivement une réaction négative après l'annonce d'un diagnostic de diabète. Mais une fois que vous vous êtes remis du choc initial, vous pouvez souvent transformer ce diagnostic en un événement positif; voyez-le comme un avertissement qui vous incite à prendre conscience à quel point votre santé est importante et adoptez un mode de vie qui comporte de meilleures habitudes. Ce n'est pas tout — il existe plusieurs autres façons de voir positivement ce diagnostic:

- Dénichez le meilleur centre d'activité physique en ville et encouragez des amis à se joindre à vous dans des séances d'exercice en groupe. Pas de centre d'activité physique en ville? Passez à l'action et voyez si vous pouvez aider à en faire établir un dans votre secteur.
- Inscrivez-vous dans une course de cinq kilomètres — ou un marathon de marche si ça vous convient mieux — et encouragez d'autres personnes à se joindre à vous. Ou participez à une activité caritative et demandez aux gens de vous commanditer. Vous ferez de l'exercice tout en contribuant à la campagne de financement d'une bonne cause.
- Trouvez les meilleures pistes cyclables ou de randonnées dans votre communauté. S'il n'y

en a pas, faites des pressions auprès de votre localité pour en créer quelques-unes.

- Passez plus de temps avec un bon ami en marchant ou en faisant du vélo ensemble régulièrement.
- Faites du bénévolat en présentant des conférences dans des écoles ou des organisations communautaires locales, pour partager vos connaissances sur le diabète et des conseils afin d'éviter la maladie.

MAINTENEZ UN BON SENS DE L'HUMOUR

Il est certain qu'un diagnostic de diabète peut être sérieux, mais cela ne signifie pas que vous devez l'être aussi, du moins pas tout le temps. On dit que le rire est bon pour l'âme, alors voyez-le comme s'il s'agissait d'une ordonnance de votre médecin: essayez le plus possible de trouver de l'humour dans la vie.

- Informez vos amis qu'une partie de votre nouveau programme d'exercices recommandés comprendra de *passer à côté* des tâches domestiques, d'*esquiver* le télémarketing, de *faire grimper* vos soldes de cartes de crédit — et, oh oui, de *poursuivre* vos rêves.
- Annoncez que vous ne pourrez jamais *manger* vos mots, *avaler* votre fierté, ou *goûter* la

défaite — car vous ne connaissez pas ce qu'ils contiennent en calories.

- Rivalisez avec des amis et la famille pour voir qui peut trouver les plaisanteries les plus ressassées sur le diabète.

GARDEZ UNE ATTITUDE POSITIVE !

Bien sûr, comme tout avertissement, celui-ci en est un que vous pourriez ne pas être heureux de recevoir. Et personne ne s'attend à ce que vous sautiez de joie en criant : « Hourah ! Je viens juste d'apprendre que je suis diabétique ! » Mais il *est* important de demeurer positif et d'essayer de prendre les choses du bon côté.

Idéalement, vous avez découvert que vous souffrez du diabète avant d'éprouver de graves problèmes de santé. Si c'est le cas, estimez-vous heureux. Et c'est là que repose le vrai cadeau du diabète — il vous oblige à chérir votre vie et votre santé, et à commencer à prendre des dispositions pour les protéger toutes les deux.

Comme pour n'importe quel problème de santé, votre attitude face au diabète peut grandement affecter la façon dont vous vous sentez physiquement. Alors, si vous demeurez positif et motivé pour vous en tenir à de sains changements de mode de vie, vous conserverez probablement une meilleure santé physique.

Ensemble pour toujours

Gertrude Samuels est arrivée avec son mari, Harry, pour sa première séance de formation sur le diabète alors qu'elle avait quatre-vingt-sept ans. « Gertrude, je vais vous donner un plan de repas et vous expliquer pourquoi il est important de choisir des aliments sains », ai-je dit, espérant qu'elle serait d'accord pour contrôler cette maladie, même à son âge avancé. Certains de mes patients plus jeunes avaient l'impression que le diabète empiétait sur leur vie et ils ignoraient pratiquement leur maladie.

« Marci, vous me dites quoi faire et je le ferai ! » répondit Gertrude d'un ton sérieux.

« Je suis moi aussi diabétique, et nous devons prendre soin l'un de l'autre », a ajouté un timide Harry Samuels. Harry paraissait être du même âge que son épouse. « Nous sommes mariés depuis soixante-cinq ans. Nous faisons tout ensemble — même souffrir du diabète ! »

Harry, comme Gertrude, était d'un physique délicat. Il était assis près de son épouse et lui touchait doucement le bras pendant qu'il parlait. « J'ai testé sa glycémie et elle monte et descend, monte et descend. Je ne sais pas quoi faire. » Harry semblait inquiet.

« C'est pour cette raison que vous êtes ici. Quand vous quitterez mon bureau, vous saurez exactement ce qu'il faut faire. Puis-je prendre votre glycémie maintenant, Gertrude? » ai-je demandé, espérant voir comment son petit-déjeuner avait influé sur ses résultats.

« Certainement. » Gertrude a tendu sa main. J'ai nettoyé son doigt avec de l'alcool et je l'ai asséché avec un tampon de gaze. J'ai pris un petit échantillon de sang de son majeur. Les résultats sont arrivés cinq secondes plus tard et ont affiché 38 mg/dl (milligrammes par décilitre).

« Trente-huit! Votre glycémie est extrêmement basse. Comment vous sentez-vous? » J'étais stupéfaite de constater que sa glycémie était aussi basse, le taux d'hypoglycémie le plus courant étant de 70.

« Je me sens très bien », a dit honnêtement Gertrude.

« Laissez-moi vérifier de nouveau cette lecture avec un autre appareil, juste au cas. » Je suis allée chercher un autre appareil en vitesse et c'était absolument exact. « Oui, c'est en effet 38 mg/dl. Eh bien, laissez-moi vous donner du jus avant que votre glycémie ne baisse davantage et que vous vous évanouissiez devant moi! » Je suis sortie de mon bureau et j'ai littéralement couru vers le réfrigérateur pour prendre un grand verre de jus ainsi qu'un peu de fromage et des craquelins. « Voici. S'il vous plaît, buvez ce jus et ensuite nous referons le test de la glycémie et vérifierons si elle monte au moins à 100. »

Gertrude a bu son jus et quinze minutes plus tard son taux de glycémie a grimpé à 124 mg/dl. « D'accord, maintenant vous pouvez manger ces craquelins et ce fromage, si ça ne vous dérange pas. Nous ne voulons pas que votre taux de sucre descende encore une fois, ce qui peut se produire, à moins que vous ne mangiez quelque chose de plus substantiel. Les protéines vous aident à digérer votre nourriture plus lentement; donc si vous combinez le fromage avec les hydrates de carbone (les craquelins par exemple), vous maintiendrez alors votre glycémie. » Je me sentais plus à l'aise avec cette nouvelle lecture et confiante qu'elle n'obtiendrait plus ce niveau de glycémie si terrible. « Nous vérifierons seulement une fois de plus avant que vous partiez pour être absolument certains que vous allez bien. »

Durant les cinq années qui ont suivi, j'ai parfois pensé à eux. Je songeais au fait d'être amoureux de la même personne depuis soixante-cinq ans, d'avoir eu des enfants, des petits-enfants et des arrière-petits-enfants, à la chance et au réconfort d'avoir la même personne à ses côtés aussi longtemps que vous êtes en vie tous les deux. Puis, j'ai songé à quel point ce doit être incroyablement accablant de perdre ce partenaire de toute une vie, avec lequel on a passé toutes ces années.

Un matin, mon téléphone a sonné au travail: « Marci, c'est Gertrude Samuels, comment allez-vous? »

« Très bien! » ai-je répondu, tellement heureuse d'entendre sa voix. « Et comment allez-vous, vous et votre mari? » ai-je demandé avec hésitation. Après tout, ils étaient venus me voir il y avait de cela cinq ans, et ils avaient maintenant quatre-vingt-douze ans et plus.

« Nous allons super bien tous les deux! Puis-je vous poser une question? »

« Bien sûr, en quoi puis-je vous aider? » ai-je demandé, me sentant quelque peu émue qu'elle et Harry soient bien en vie.

« Je voulais acheter un de ces nouveaux lecteurs de glycémie que j'ai vu annoncés, et qui ne nécessitent qu'une minuscule goutte de sang. Lequel recommanderiez-vous? » Gertrude semblait forte, en santé et heureuse. J'en étais abasourdie. J'étais enchantée d'avoir pu leur fournir les connaissances nécessaires pour contrôler leur diabète, et qu'ils aient choisi de s'en servir. J'étais plus qu'impressionnée de voir que ces deux tourtereaux voulaient utiliser un lecteur plus moderne. « Pourquoi ne venez-vous pas me dire un petit bonjour et je vous donnerai un glucomètre — mon préféré — et je vous montrerai aussi comment vous en servir. Je serais tellement heureuse de vous voir tous les deux! » Je voulais avoir la chance de revoir mon couple préféré; tous deux diabétiques, mariés depuis maintenant soixante-dix ans, et encore solides.

« Vous êtes si gentille, à quel moment cela vous conviendrait-il? » Gertrude était toujours aussi aimable.

Le jour suivant, Gertrude et Harry Samuels sont venus à mon bureau. Ils n'avaient pas changé. Je leur ai enseigné la façon d'utiliser leur nouveau lecteur de glycémie et j'ai rapidement testé leur glycémie. « 105 pour vous, Gertrude, et 106 pour vous, Harry », et cela après avoir mangé le même petit-déjeuner que je leur avais recommandé il y a cinq ans: du gruau, des bleuets, de la cannelle et des noix hachées. « Excellent, très bien fait! Continuez votre bon travail. » Ils avaient apparemment suivi mes recommandations alimentaires à la lettre.

« Nous n'aurions pas pu rester en aussi bonne santé sans les connaissances que vous nous avez données. Vous avez sauvé ma femme et à cause de cela, vous m'avez sauvé aussi », a dit Harry en même temps que des larmes coulaient de ses yeux.

Comme ils passaient la porte, j'ai souhaité: *Puissent-ils vivre au moins autant d'années que leur lecture de glycémie de ce matin.*

♥ *Marci Sloane*

Un diagnostic de diabète

Il y a deux ans, mon mari a été transporté d'urgence à l'hôpital parce qu'il était incapable de respirer et qu'il sentait une vive douleur dans sa poitrine et son dos, en même temps qu'il avait des sueurs froides. Peu de temps avant, en faisant de la randonnée dans les montagnes de notre région, il avait souffert de ce que nous pensions être une crise d'asthme. Comme il avait des antécédents de bronchite chronique, nous avons supposé que ce nouvel incident était de nature respiratoire.

Je suis arrivée environ quinze minutes après l'ambulance, et je me suis présentée au service des urgences plutôt bouleversée et hors d'haleine. Il n'avait que trente-sept ans et même s'il avait un problème de santé mineur, il était relativement en bonne forme. Je me suis rapidement frayé un chemin à travers les couloirs pour me rendre à son chevet. Il semblait bien — assis droit, plutôt bouleversé lui-même, mais dans un bon état d'esprit. Il avait cette élégante capacité de sourire et de rire à travers les défis. L'urgentologue a expliqué que mon mari avait soit un poumon collabé, soit une pneumonie. J'ai hoché la tête, comme si j'étais d'accord avec son diagnostic, essayant aussi fort que je le pouvais de rester calme intérieurement.

Au même moment, nous avons appris que mon mari était diabétique. À son arrivée au service des urgences, on avait mesuré sa glycémie. Quand le médecin lui a dit, tout agité: « Votre glycémie est au-dessus de 400! » mon mari a simplement répondu: « D'accord... » Perplexe devant sa réaction assez nonchalante, le médecin lui a alors demandé quand il avait reçu le diagnostic de diabète. C'était, bien sûr, la première fois qu'on lui mentionnait qu'il souffrait de cette maladie. Mais en comparaison des autres diagnostics, un poumon collabé ou une pneumonie, cela ne semblait pas vraiment avoir une grande importance.

Après une semaine à l'hôpital, il devint clair que sa situation ne s'améliorait pas et on le transféra dans un plus gros hôpital, beaucoup mieux équipé pour des cas plus complexes de pneumonie. À cet endroit, on a découvert qu'il souffrait d'une infection grave au poumon, ce qui avait effectivement résulté en un poumon collabé. Nous avons vécu deux semaines longues et épuisantes alors qu'il a reçu de puissants antibiotiques et de nombreux traitements — incluant une opération majeure — pour surmonter la maladie. Pendant ce temps, nous avons rencontré des éducateurs spécialisés en diabète. Tout cela semblait du chinois pour nous — l'idée de surveiller non seulement son taux de sucre, mais aussi sa consommation d'hydrates de carbone, ses nouveaux médicaments et, pour les quelques premiers mois, l'insuline! J'ai appris autant que possible sur sa situation, je me suis pratiquée à donner des injections et même — grâce à la persuasion d'un éducateur — je me suis donné une « injection » avec une seringue vide.

En quittant l'hôpital, nous nous sentions accablés. Non seulement plusieurs mois de rétablissement l'attendaient (ce qui nécessitait une intraveineuse portative antibiotique et la guérison d'une côte qui avait été brisée durant l'opération), mais il devait aussi apprendre comment vivre en tant que personne diabétique. Cela signifiait une évaluation complète de son alimentation, un nettoyage du garde-manger, une collection de recettes à faible teneur en hydrates de carbone, un test de glycémie cinq fois par jour et des injections régulières. Étant donné qu'il souffrait du diabète de type 2, on s'attendait à ce qu'il cesse de prendre de l'insuline une fois que sa glycémie serait maîtrisée, donc des épisodes soudains d'hypoglycémie nous préoccupaient également.

Lentement, pendant que son corps guérissait de l'opération, il a commencé à marcher et à lever de très légers poids et haltères. Il avait perdu environ quinze kilos à l'hôpital et il a rapidement regagné un poids santé sous forme de muscles. Son taux de cholestérol est tombé de trente points seulement avec un régime alimentaire et de l'exercice. Et en seulement trois mois, son taux d'hémoglobine A1c est passé de 12 — tel que mesuré à l'hôpital — à 5,7. Mon mari est rapidement devenu le patient de rêve de son endocrinologue, démontrant qu'une approche positive et informée face à une découverte de diabète peut avoir une influence merveilleuse sur la santé physique. Évidemment, les changements dans son mode de vie ont eu un effet positif sur le reste de notre famille aussi.

Deux années ont maintenant passé depuis qu'il a reçu le diagnostic d'une maladie qui aurait pu le tuer. Il dit parfois que c'est la meilleure chose qui lui soit arrivée parce que cela lui a donné la motivation nécessaire pour changer de mauvaises habitudes de mode de vie et atteindre enfin sa forme physique actuelle, s'adonner aux activités qu'il aime, et manger des aliments qui le font se sentir en pleine forme. Et même s'il n'est certainement pas heureux d'être diabétique, il apprécie que le diabète lui rappelle de bien vivre et de profiter des choses vraiment importantes de la vie.

♥ *Nellie Levine*

L'HISTOIRE DU SUCRE

Pour savoir de quelle manière le diabète affecte votre corps, il est utile de comprendre comment fonctionne votre métabolisme. Oh, bien sûr, nous sommes nombreux à être familiers avec ce mot — si nos vêtements deviennent soudainement trop serrés, nous blâmons la lenteur de notre métabolisme.

En fait, le métabolisme est le processus par lequel votre corps utilise la nourriture pour obtenir de l'énergie. Votre corps ressemble à une machine et il a besoin de carburant pour continuer à fonctionner. Le carburant lui provient des aliments que vous mangez et de ce que vous buvez. Mais les cellules de votre corps sont très petites et ne peuvent traiter quelque chose comme, disons, une pizza avec toutes les garnitures. C'est pourquoi vos organes doivent digérer la nourriture et la décomposer en de très minuscules substances. C'est le métabolisme au travail.

LE SUCRE N'EST PAS TOUJOURS SI SUCRÉ

Une de ces substances de base est le glucose, qui est un sucre simple. Le glucose est transporté à des millions de cellules dans tout votre corps, ce qui permet de fournir l'énergie dont ont besoin toutes les parties de votre corps pour continuer à fonctionner.

Le glucose est ingéré grâce à la nourriture ou produit par le corps (dans le foie, pour être exact). Il est ensuite distribué à différentes cellules du corps pour être utilisé immédiatement (par les muscles, par exemple), ou entreposé sous forme de graisse.

LES SUBSTITUTS DU SUCRE

De nos jours, il est plus facile que jamais de réduire votre consommation de sucre sans vous sentir privé. Les substituts de sucre comme Splenda et NutraSweet sont utilisés dans plusieurs produits sans sucre (qui, en fait, ont un bon goût!). Ils sont aussi disponibles en sachets pour utilisation à la maison dans des breuvages et pour la cuisson. Toutefois, NutraSweet ne semble pas être très efficace pour la cuisson, alors que Splenda peut être un meilleur choix pour cette utilisation.

Pas si mauvais

« Ce n'est pas si mauvais... »

J'ai souri alors que mon mari émettait le compliment à contrecœur. Pendant des années, j'avais essayé de le persuader de délaisser le soda ordinaire pour le soda diète, depuis le jour où le médecin avait diagnostiqué son diabète.

« Ce n'est pas si mauvais... »

Des entrées aux desserts, nous avons changé nos menus et nos habitudes alimentaires — sauf pour le soda. Le soda diète est devenu notre ligne de démarcation. Cela représentait la différence entre deux modes de vie: « normal » et « diabétique ». La nourriture ne servait plus simplement à des bénéfices nutritionnels ou à du plaisir. Maintenant, elle représentait quelque chose d'inquiétant, de menaçant même. Il fallait considérer chaque bouchée avec méfiance comme si nous devenions des détectives amateurs à la recherche de traces cachées de sucre sournois.

« Ce n'est pas si mauvais... »

La vie devenait-elle une série d'expériences de « pas si mauvais »? Nous espérions que non. Il y a quelque chose de déprimant dans ce « pas si mauvais ». Cela nous donne la triste impression de faire des compromis — de nous contenter de pis-aller ou de médiocre. Personne ne veut cette situation. Et pourtant, l'alternative est tellement pire.

Nous avons changé nos habitudes alimentaires, plongeant dans un monde de substituts du sucre et à faible teneur en hydrates de carbone. Sauf pour le soda — le seul obstacle dans une mer de changements. Jusqu'à ce jour-là…

« Ce n'est pas si mauvais… »

La première gorgée est la pire.

Bien sûr, comme avec tout changement, nous nous adaptons. Nos papilles gustatives ne sont pas différentes. Ce qui était étrange un jour est bientôt devenu familier. Ce qui était familier est rapidement devenu normal. Et ce qui était normal est vite devenu savoureux.

Maintenant le soda diète dans le réfrigérateur n'est qu'une autre partie de notre routine. Il nous fait prendre conscience que ce sont les petites choses qui renforcent un mode de vie plus sain. Marcher, faire de l'exercice, bien s'alimenter, dormir suffisamment. Ces petites choses contribuent à nous donner une bonne vie — notre bonne vie. Ce n'est pas une question de pis-aller ou de médiocre, car ce mode de vie contribue à la santé que nous apprécions à chaque minute de chaque jour.

« Ce n'est pas si mauvais! » n'a jamais paru si bon.

♥ *Ava Pennington*

Espérer un miracle

Ce n'était pas juste. Ce n'était tout simplement pas juste.

Après deux années à tenter de devenir enceinte, le médecin avait finalement réussi à faire ovuler mon corps; et maintenant mon mari et moi attendions notre premier enfant. Nous étions follement heureux, nous préparant avec enthousiasme pour l'avenir.

C'était seulement maintenant que le médecin m'annonçait que je souffrais du diabète de grossesse.

Je savais que j'étais à risque élevé. Non seulement mes parents étaient-ils tous les deux diabétiques de type 2, mais le problème de mon infertilité était lié à l'hyperinsulinémie, une condition par laquelle mon corps ne réagissait pas à l'insuline. Pour devenir enceinte, j'avais dû prendre des médicaments pour contrôler le diabète, en même temps que des médicaments pour la fertilité.

Mais cela ne me semblait toujours pas juste.

Quand je suis revenue à la maison après avoir quitté le bureau du médecin, je me suis étendue sur mon lit et j'ai sangloté. Mon stupide corps! Je le détestais. Il ne me permettait pas de devenir enceinte sans faire intervenir la médecine, et maintenant il ne laisserait pas mon bébé se développer en paix à l'intérieur de moi. Le médecin avait pris soin de m'impressionner en me parlant de la gravité de la situation; il m'avait rempli la tête avec des histoires d'horreur de bébés qui avaient trop grossi et qui naissaient avec les épaules disloquées ou une chute de leur taux de glycémie.

Il semblait que mon corps était en train d'empoisonner mon précieux bébé, et j'en avais le cœur brisé.

J'ai passé les quelques mois suivants à penser à la nourriture. J'ai pesé tout ce que je mangeais, j'ai appris à ignorer les envies d'aliments défendus, j'ai mesuré ma glycémie au moins quatre fois par jour. La plupart du temps, mon taux de sucre se situait dans les limites recommandées par mon médecin, mais une des lectures ne descendait tout simplement pas. Chaque matin, je vérifiais ma glycémie avant de prendre mon petit-déjeuner, pour découvrir qu'elle était encore plus élevée avant le petit-déjeuner que deux heures après avoir mangé.

Rien de ce que nous tentions, le médecin et moi, ne pouvait abaisser ce chiffre à son niveau normal. J'ai essayé de manger des aliments à haute teneur en protéines juste avant d'aller au lit. J'ai essayé de me lever à deux heures du matin pour prendre une collation. Matin après matin, ma glycémie restait quand même supérieure à 100.

Finalement, le médecin m'a prescrit de l'insuline. Une seule injection, juste avant d'aller au lit, seulement six unités. « Ne vous inquiétez pas, m'a-t-il dit. Nous le faisons de façon régulière. Le bébé sera tout à fait en sécurité. »

Puis, il m'a demandé de me présenter pour une surveillance fœtale deux fois par semaine pour le reste de la grossesse. De plus, je pouvais m'attendre à ce qu'on provoque mon accouchement à 38 semaines, deux semaines plus tôt que la date prévue. Seulement par précaution.

Je suis revenue à la maison et j'ai pleuré une fois de plus.

À 37 semaines, le médecin m'a fait passer une échographie pour déterminer la taille du bébé. À la stupéfaction de mon médecin et à ma plus grande joie, c'était une petite fille d'un peu plus de trois kilos seulement. Ni trop petite, ni trop grosse. On aurait dit que je n'avais jamais eu de diabète de grossesse.

À la fin, le médecin a permis que je me rende à 40 semaines. Ma fille pesait trois kilos quatre-vingt-cinq quand elle est née, sans problèmes de glycémie ou de croissance.

Cette fois-ci, mes larmes étaient de joie.

♥ *Jennifer Merrill*

SITUATIONS PARTICULIÈRES

PRÉDIABÈTE

Le diabète de type 2 survient rarement sans avertissement. La plupart des gens qui développent cette maladie passent par une période « d'introduction progressive » où ils se dirigent vers le diabète, mais ils n'ont pas en fait la maladie. On appelle cet état le *prédiabète*. Le signe principal du prédiabète: le taux de glucose est plus élevé que le niveau idéal, mais pas suffisamment élevé pour être considéré comme de niveau diabétique.

La bonne nouvelle? Si vous agissez rapidement à ce stade, vous pouvez souvent prévenir le diabète de type 2 avant qu'il ne commence. De simples changements comme une alimentation plus saine et un meilleur programme de conditionnement physique peuvent faire une différence énorme.

DIABÈTE DE GROSSESSE

Les femmes enceintes souffrent parfois du diabète de grossesse. Ce terme est utilisé pour définir un état par lequel des femmes qui n'étaient pas diabétiques avant d'être enceintes présentent soudainement des niveaux élevés de glucose.

- Les raisons pour lesquelles certaines femmes développent cette maladie ne sont pas très claires, mais certains facteurs de risque incluent l'excès de poids, avoir plus de vingt-cinq ans, ou être issues d'un groupe ethnique ayant une incidence élevée de diabète.

- Ce type de diabète se développe habituellement tard durant la grossesse et peut être nocif pour la mère et le bébé.
- Des modifications dans l'alimentation et une activité accrue aident souvent, mais il est parfois nécessaire de recevoir un traitement d'insuline.

PENSEZ-Y...

UN DIAGNOSTIC DE PRÉDIABÈTE

Les sentiments que j'éprouve devant le fait d'être prédiabétique: ______________________________

____

Ce que j'ai fait pour trouver de l'information sur le diabète: ______________________________

____

Les améliorations que j'ai apportées à ma condition physique: ______________________________

____

Les changements positifs que j'ai effectués à mon alimentation: ______________________________

____

Autres changements que j'ai faits dans mon mode de vie pour éviter d'avoir le diabète: ______________

____

Les gens que j'ai inscrits sur ma liste comme membres de mon équipe de soutien: ______________

____

Le bateau du diabète

Mon médecin a ouvert l'épais dossier et a hoché la tête à quelques reprises. Puis elle m'a regardée. « Eh bien, Harriet, a-t-elle dit, laquelle voulez-vous pour commencer? La bonne ou la mauvaise nouvelle? »

J'ai réfléchi pendant une minute, et le côté pessimiste en moi l'a remporté: « La mauvaise nouvelle. »

« Vous êtes prédiabétique. »

Ma gorge s'est serrée. Non pas que j'étais surprise, mais même une pessimiste peut être une optimiste inavouée. « Quelle est la bonne nouvelle? Il me reste une année à vivre? »

« Non, a-t-elle répondu. La bonne nouvelle est que, si vous commencez dès maintenant à mieux prendre soin de vous, il est possible que vous ne développiez jamais le vrai diabète. Vous pourriez vivre jusqu'à cent ans. » Elle tapota ses doigts sur le dossier. « Vous souffrez déjà d'hypothyroïdie et d'arthrite. Ces deux maladies augmentent votre risque de devenir diabétique. Quant à votre poids… » Sa voix s'estompa.

J'ai serré ma blouse et instinctivement j'ai rentré mon ventre. Pendant une seconde ma ceinture s'est desserrée, mais dès que j'ai eu pris une autre respiration, elle est redevenue serrée. Mon poids. J'avais été un bébé « en santé », un euphémisme pour *gros*. De là, je me suis progressivement transformée en une enfant joufflue, une adolescente costaude et une adulte obèse. Maintenant, il semblait que j'allais devoir ajouter *diabétique* à la liste d'adjectifs.

Je me suis effondrée sur ma chaise.

« Harriet, ce n'est pas la fin du monde. Il y a plus de 16 millions de Nord-Américains qui sont prédiabétiques. »

« Eh bien, au moins, je ne serai pas la seule dans ce bateau qui coule », ai-je répondu. Quand je me regardais dans un miroir, je voyais une femme d'âge mûr qui vivait une histoire d'amour de toute une vie avec la nourriture, et dont le corps avait perdu le combat contre la gravité terrestre. Quand je regardais mon médecin, je voyais une femme au début de la trentaine qui n'avait probablement aucune idée de ce que voulait dire le mot *cellulite*. Ce dont j'avais vraiment besoin, ai-je décidé, c'était d'un médecin corpulent qui pouvait comprendre ce que je ressentais.

Comme je ne répondais pas, mon médecin a continué. « C'est votre choix. Vous pouvez perdre du poids et commencer un programme d'exercice régulier, ou vous pouvez commencer à songer à votre avenir en tant que personne diabétique qui s'injecte de l'insuline. »

Je n'étais pas certaine de savoir qui je détestais le plus à ce moment-là — moi parce que j'étais grosse, ou mon médecin parce qu'elle était mince. Mince et méchante, ai-je précisé.

Elle a passé les quinze minutes suivantes à me parler, mais je n'entendais que des bribes de ses paroles. J'ai dû hocher la tête aux moments appropriés puisque j'ai quitté son bureau avec un paquet de brochures que je tenais fermement dans mes mains, et un rendez-vous de contrôle.

Rendue dehors, j'ai entassé les brochures dans mon sac à main et je me suis arrêtée dans une brûlerie locale. J'ai commandé un café et un gros muffin au son, me disant qu'un aliment rempli de fibres devait être bon pour moi.

Comme je le dévorais à belles dents, j'ai regardé les clients de la brûlerie. J'ai mentalement pesé chaque personne, me demandant laquelle se retrouverait avec moi dans le même bateau à la dérive. La fille maigre aux cheveux blonds? La mère grassouillette et soucieuse avec deux chérubins? L'homme obèse qui lisait un journal? Peut-être les trois, j'aurais donc besoin d'un plus gros bateau.

J'ai fourré le dernier morceau dans ma bouche et je suis repartie vers la maison.

Pendant les deux semaines suivantes, j'ai continué à manger mes aliments favoris. *Dépêche-toi de les manger pendant que tu en as encore la chance,* me suis-je dit. *En fait, vas-y, prends un morceau de gâteau supplémentaire. Une fois que tu seras diabétique, ils seront tous interdits.*

Mais derrière la voix qui me disait de me laisser tenter, une autre petite voix résonnait étrangement comme celle de mon médecin. *C'est ton choix,* chuchotait la voix alors que j'engloutissais une portion généreuse de gâteau au double fondant de chocolat. *C'est ton choix,* murmurait-elle tandis que je savourais une grosse pomme de terre cuite au four, dégoulinant de crème sûre. *C'est ton choix,* me marmonnait la voix alors que je me servais une deuxième portion de pâtes.

Même si j'essayais d'enterrer la deuxième voix par la nourriture, elle persistait.

« D'accord, ai-je crié un jour. Assez, c'est assez. Tu gagnes. Je vais essayer. Plus de gâteaux. Plus de pâtes. Plus de pommes de terre. »

Pendant les deux semaines suivantes, j'ai coupé le gâteau, le pain, les pâtes et les pommes de terre. Et j'étais misérable. Et affamée. Je parlais d'un ton brusque avec tout le monde et pour tout. Même si la fermeture éclair de mon pantalon se remontait sans protester, je me sentais trop malheureuse pour m'en préoccuper.

L'autre jour, en nettoyant mon sac à main, j'y ai retrouvé les brochures sur le diabète. J'ai décidé de les lire — tout pour éloigner la nourriture de mon esprit. Au milieu de ma lecture, je me suis rendu compte que choisir ne voulait pas dire être affamée. Choisir signifiait sélectionner plus d'aliments nutritifs et de plus petites portions. Cela ne voulait pas dire qu'il fallait bannir le pain, le gâteau et les pâtes — mais nous ne pouvions plus demeurer les meilleurs amis du monde.

Comme je ruminais ces nouvelles pensées, j'ai pris conscience que le bateau du diabète s'était transformé en radeau de sauvetage. Cette fois-ci, quand j'ai entendu la petite voix dans ma tête, j'ai souri.

♥ *Harriet Cooper*

APPRENDRE À SE DÉTENDRE

Comme pour tout problème de santé, le stress peut provoquer une augmentation des effets secondaires et des complications — et il peut alors être difficile pour votre corps de fonctionner à son maximum. Il n'est pas toujours facile de se détendre, particulièrement si vous avez une maladie comme le diabète et si vous essayez de jongler avec tous les problèmes et les responsabilités liés à cette maladie.

Mais il est vital que vous permettiez à votre corps — et à votre esprit — de se libérer quelque peu du stress et des inquiétudes. Malheureusement, il est souvent plus facile d'en parler que de le faire. Ce n'est pas quelque chose de naturel pour tout le monde.

Heureusement, il y a des façons de vous « entraîner » afin que la détente fasse partie de votre emploi du temps régulier. Attention: une fois que vous aurez appris à vous détendre, il se peut que vous commenciez à vouloir le faire un peu *trop*.

- *Laissez la haute technologie vous aider*. De nos jours, il existe de nombreux outils modernes pour vous aider à vous détendre. Essayez d'écouter de la musique classique sur votre lecteur de disques compacts ou MP3 (assurez-vous de vous servir d'écouteurs pour couvrir les bruits distrayants ou stressants autour de vous). Certaines personnes trouvent réconfortant de faire fonctionner un appareil à « bruit blanc » — à la rigueur, un appareil d'air conditionné ou un ventilateur qui fournit un bruit similaire peut aussi bien faire l'affaire. De plus, il existe de nombreuses cassettes et quantités de CD de détente sur le marché, dont plusieurs font entendre des sons apaisants d'oiseaux, de chutes d'eau ou autres bruits relaxants.

- *Essayez des techniques nouvel âge.* Avec notre mode de vie à un rythme accéléré, la relaxation est indispensable pour de nombreuses personnes. Il existe plusieurs options nouvel âge à votre disposition, incluant les spas et les retraites de détente, les cours de yoga et de méthode Pilates, différents types de massages et de méditation. Faites une recherche dans vos journaux ou regardez en ligne pour trouver les ressources offertes dans votre secteur. Vous pouvez aussi vous rendre dans une librairie importante où vous découvrirez des tonnes de livres sur les diverses techniques de détente.
- *Retour aux sources.* Si vous ne voulez rien de compliqué, de haute technologie ou de coûteux, vous pouvez toujours vous servir des bonnes vieilles stratégies de base. Allez faire une promenade dans un quartier tranquille, passez un peu de temps à lire dans un parc ou réservez-vous un endroit paisible à la plage. Vous voulez vous détendre sans quitter la maison? Réservez-vous une pièce ou un endroit tranquille chez vous, et déclarez que personne ne peut en franchir les limites. Peut-être trouverez-vous un endroit qui est assez éloigné du centre où se déroulent les activités principales de la maisonnée — et si votre retraite est insonorisée, vous aurez vraiment gagné le gros lot. Faites savoir à chacun que vous ne voulez pas

être dérangé, sauf pour les urgences, et contentez-vous de savourer la paix et la tranquillité. Pour plus de détente, laissez votre chien s'installer sur vos genoux, regardez le coucher de soleil ou pratiquez des exercices de profonde relaxation.

AGIR POUR RESTER POSITIF

Le diagnostic de diabète peut être bouleversant et terrifiant. Il est possible que vous réagissiez spontanément en disant: « Je suis condamné! » Mais une fois que vous avez du temps pour réfléchir à la situation, essayez de vous concentrer sur l'aspect positif. Au moins maintenant, vous êtes au courant de votre état plutôt que d'en être parfaitement inconscient tout en continuant à manger de mauvais aliments pendant que votre glycémie monte en flèche.

Ce qu'il y a de bien dans le fait de connaître votre état, c'est que vous pouvez passer à l'action. Et ce peut être une façon très efficace d'affronter les défis. Vous asseoir en vous inquiétant ou en vous apitoyant sur vous-même ne fera qu'empirer la manière dont vous vous sentez.

En agissant, vous vous sentirez moins impuissant et plus en contrôle. Quelles actions pouvez-vous entreprendre? Voici quelques idées:

- *Rendez-vous à la bibliothèque ou dans une librairie et prenez autant de livres sur le diabète que vous pourrez en trouver. La connaissance, c'est le pouvoir!*
- *Si vous avez un ordinateur, vous détenez une richesse d'informations au bout de vos doigts. Le site Diabète Québec* (www.diabete.qc.ca) *est une façon extraordinaire de commencer.*
- *Planifiez un nouveau régime alimentaire sain adapté pour le diabète.*
- *Essayez de trouver un groupe de soutien pour le diabète dans votre région.*

PENSEZ-Y...

MOYENS POUR PASSER À L'ACTION

Afin de ne pas m'engourdir et de garder mon esprit concentré sur quelque chose de positif:

- Je penserai à un projet familial relié au diabète que nous pourrions faire tous ensemble.
- J'appellerai les écoles locales ou des groupes de jeunes et j'offrirai de faire une présentation sur le diabète.
- Je me renseignerai afin de savoir s'il existe des fondations ou des organisations locales sur le diabète, et j'offrirai mon aide comme bénévole.
- Je penserai à une sortie amusante que je pourrais faire avec les membres de mon groupe de soutien — une visite à un musée par exemple ou une randonnée en vélo (faire de l'exercice est un bonus!).
- Je me procurerai un podomètre, et j'essaierai d'établir un record personnel pour le nombre de kilomètres parcourus en une semaine.

Un voyage de joie

Lorsque j'ai reçu le diagnostic du diabète au cours de l'année 2000, j'étais certaine que la médication pour le diabète me guérirait. Nous vivons après tout à l'ère de la technologie et des médicaments miracles. Je ne prenais pas en compte le gain de poids — ni le plaisir de recevoir le diagnostic de l'arthrite, alors que mon système immunitaire se fragilisait. Au printemps de 2004, je me suis traînée au bureau de mon médecin avec la pire infection respiratoire de ma vie. D'un air lugubre, je continuais à me répéter: « *Les personnes diabétiques ont six fois plus de chances de mourir de la grippe.* » Quand j'ai posé mes pieds sur le plateau du pèse-personne chez le médecin, je me sentais tellement malade que j'étais convaincue que la mort serait la bonne nouvelle. Puis, j'ai remarqué mon poids. Je pesais 89 kilos! J'étais à moins de 2 kilos de devenir ma grand-mère!

Mon médecin m'a prescrit une provision de deux semaines d'antibiotiques et une bouteille de prednisone — puis il a quitté la profession. Je devais maintenant me trouver un autre médecin. C'était la dernière chose dont j'avais besoin! J'étais terrifiée, mais malgré mes peurs, ma recherche a fini par être l'une des plus grandes bénédictions de ma vie. Avec l'aide de mon réseau familial et après des prières déchirantes, j'ai trouvé une femme médecin hollandaise à la voix douce qui ne considérait pas mon état de santé comme une sentence de mort. Elle concevait ma maladie comme une rampe de lancement vers une meilleure santé. Ouverte à des méthodes douces de contrôler le diabète, elle était de plus compatissante, perspicace, et enthousiaste à propos de mon plan d'exercice et d'un régime à basse teneur en hydrates de carbone. « Vous pouvez y arriver », m'a-t-elle assurée. Et je l'ai crue.

Je suis revenue à la maison et j'ai vraiment réfléchi. Est-ce que je crois que ma vie et mon corps sont des cadeaux de Dieu? Est-ce que je crois que j'ai la responsabilité de ma propre santé? Est-ce que je crois que la seule manière de remercier Dieu pour cette vie est d'honorer son cadeau? Est-ce que je dois à mes enfants qu'ils aient une mère? Est-ce que je veux vieillir avec l'amour de ma vie? Ma réponse d'alors, et celle de maintenant, était un OUI retentissant!

Il y a un an, j'ai célébré mon cinquante-huitième anniversaire en achetant un tapis roulant. J'ai commencé un régime santé à faible teneur en hydrates de carbone, incluant plusieurs variétés de légumes et de fruits hydroglucidiques. À la fin du premier mois, j'avais passé de la courte marche, à bout de souffle, à presque un kilomètre, et j'avais perdu trois kilos. Mes papilles gustatives devenant plus sensibles, j'ai alors remarqué les saveurs uniques des aliments frais. Une pomme et quelques cuillerées de beurre d'arachide sont devenues un pur délice pour moi. Sans sucre ajouté, j'ai découvert que j'adorais le goût véritable des mûres et des bleuets.

Il est étonnant de voir comment je me suis rapidement adaptée à mon nouveau mode de vie sain. Heureusement, j'ai décidé dès le début de réduire les hydrates de carbone. J'ai découvert de délicieux produits à faible teneur en glucides simplement en me rendant à mon épicerie locale. Je pouvais même m'offrir des gâteries avec du pain à faible teneur en sucre, des crèmes-dessert et, mon favori, le lait au chocolat. Je me suis appliquée à réinventer mes recettes préférées, créant des délices à faible teneur en glucides, comme des muffins et des crêpes!

En seulement quelques mois, je marchais un kilomètre et demi par jour sur mon tapis roulant. Impatiente de nature, il était difficile pour moi de marcher sur place pendant toute une demi-heure avec seulement mes pensées pour me distraire. J'ai donc décidé de consacrer ce temps à la prière. Pendant que j'écoute mes hymnes favoris, je remercie Dieu pour les bonnes choses de ma vie. J'ai aussi été surprise de me retrouver à Le remercier pour les difficultés, qui m'ont inspiré persévérance et force.

Au cours de cette année, j'ai perdu près de vingt-trois kilos et j'habille quatre tailles de moins, et ça continue! Pendant la journée, je mesure fréquemment ma glycémie, particulièrement avant et après l'exercice. Il y a huit mois, on m'a enlevé tous les médicaments contre le diabète, et ma glycémie demeure heureusement sous contrôle à mon cinquante-neuvième anniversaire. Mon arthrite me fait beaucoup moins souffrir, et je fais de nouveau du jardinage. Mon système immunitaire défaillant s'est regénéré. Je combats l'infection et la maladie, et j'ai plus d'énergie que j'en ai eue depuis des années!

J'ai hâte de voir ce que l'avenir me réserve. Je crois profondément que je dois quelque chose à Dieu pour ma vie et l'amour qu'Il m'a donnés. Les membres de ma famille méritent que j'aie une place dans leur vie, et je vaux cet effort. Je n'aurais pas manqué ce voyage. Ce fut un voyage de joie!

♥ *Jaye Lewis*

L'APPROCHE MÉDICALE

Certaines personnes vous diront que le diabète n'est qu'une question de mode de vie; en d'autres mots, que c'est votre faute. C'est tout simplement faux. Le diabète est une maladie grave qui requiert des traitements sérieux. Certains de ces traitements peuvent être sous forme de médecine traditionnelle.

PILULES CONTRE LE DIABÈTE

Plusieurs personnes diabétiques doivent prendre des pilules pour contrôler leur maladie. Contrairement à la croyance populaire, ces pilules ne sont pas de l'insuline. (L'insuline n'est de fait disponible que sous forme d'injections.)

Pour traiter le diabète, il existe plusieurs types de médicaments que l'on peut prendre par voie orale:

- Les *thiazolidinediones* aident à améliorer l'efficacité de l'insuline. Actos et Avandia sont deux médicaments qui font partie de cette catégorie.
- Les *biguanides* augmentent la capacité de l'insuline à transporter le glucose dans les cellules. Glucophage et Glucophage XR sont des exemples de ce type de médicaments.
- Les *sulfonylurées* permettent au pancréas de libérer plus d'insuline, abaissant ainsi le taux de glycémie. Le Glucotrol, le DiaBeta, l'Amaryl et le Micronase sont quelques-uns des médicaments qui entrent dans cette catégorie.
- Les *analogues du GLP-1* [Glucagon-like peptide 1] sont une nouvelle classe de médicaments appelés *mimétiques incrétine* (ainsi désignés parce qu'ils imitent les effets du GLP, une hormone produite par l'intestin lors de la digestion des aliments). Byetta (qui vient sous

forme d'injection) et d'autres médicaments de ce type peuvent aider les patients qui n'ont pas de succès avec une autre médication pour traiter le diabète.

- Le *pramlintide*, sous la marque de commerce Symlin, est un autre médicament injectable qui abaisse le taux de sucre et qui peut être pris avant les repas.

D'autres types de pilules pour traiter le diabète incluent les inhibiteurs de l'alpha-glucosidase (comme Precose) qui ralentissent l'élévation de la glycémie. Il y a aussi des sécrétagogues de l'insuline à action rapide, comme Prandin®.

INJECTIONS DANS LE TRAITEMENT DU DIABÈTE — INSULINE

Tous ceux qui sont atteints du diabète de type 1 — et certains qui souffrent du diabète de type 2 — doivent recevoir des injections d'insuline sur une base quotidienne. Une personne typique qui a le diabète de type 1 recevra quotidiennement trois ou quatre injections d'insuline. Il existe actuellement différents types d'insuline, incluant des variétés à action rapide et d'autres à effet lent.

Traditionnellement, les patients diabétiques recevaient de l'insuline en se servant d'une seringue. De nos jours, vous pouvez aussi utiliser un stylo injecteur. Certains patients préfèrent se servir du stylo, particulièrement ceux qui ont la phobie des aiguilles, parce que le stylo paraît moins effrayant et que l'aiguille est plus petite. Aussi, la plupart des stylos injecteurs sont offerts déjà remplis, ce qui est donc plus pratique.

À quel endroit de votre corps devez-vous vous donner cette injection? Tout dépend. C'est en partie une préférence personnelle, mais votre médecin peut aussi vous faire certaines recommandations. L'abdomen et les cuisses sont des endroits fréquemment utilisés, mais ce peut aussi être les bras et les fesses. Selon le type d'insuline que vous utilisez, votre médecin pourrait juger que certains endroits sont plus efficaces. Certaines parties du corps — par exemple vos cuisses — absorbent plus lentement l'insuline. Si vous prenez de l'insuline à effet plus lent et choisissez l'une de ces régions, vous devrez attendre plus longtemps avant que l'insuline commence à faire son travail, et l'effet se fera attendre plus longtemps.

Les médecins recommandent généralement d'utiliser chaque jour la même région pour vos injections, afin d'assurer la constance de votre absorption d'insuline.

Votre médecin vous aidera à déterminer le meilleur horaire pour vos injections. Certains types d'insuline sont nécessaires au métabolisme même quand vous ne mangez pas; d'autres sont prescrits en fonction de vos repas, ainsi votre insuline peut se mettre au travail quand votre corps digère la nourriture.

Une adolescente diabétique s'attaque à la phobie des aiguilles

À l'âge de seize ans, il y a tellement de choses qu'un adolescent veut faire, et séjourner à l'hôpital ne fait habituellement pas partie de l'une d'elles. J'ai passé presque une semaine à l'hôpital, ayant récemment reçu le diagnostic d'un diabète de type 1, à un niveau dangereusement voisin de celui d'un coma diabétique hyperglycémique.

Au cours des six mois précédents, je me sentais de plus en plus léthargique et je perdais de plus en plus de poids. Je devais me préparer pour mes examens scolaires, mais j'étais incapable d'étudier — ma vision était floue et je ne pouvais lire un caractère plus petit que 20 points. J'ai fini par me poser moi-même un diagnostic, et mes parents m'ont emmenée chez le médecin, qui nous a dit que je devais me rendre immédiatement à l'hôpital, sinon je pourrais mourir. Même si j'étais très faible et très fatiguée, ses mots ont certainement produit un fort impact. Je savais que j'étais très malade — mesurant un mètre soixante-deux, j'avais perdu presque huit kilos en seulement trois semaines, et ce matin-là je pesais à peine plus de quarante-deux kilos.

Mes premiers jours à l'hôpital se sont passés en majeure partie dans un brouillard. Je dormais, je mangeais, je dormais, je mangeais, je dormais et j'assistais à différentes séances d'information données par des endocrinologues et des diététistes, après quoi — pas de surprise — je dormais encore. En partie, j'étais épuisée, mais je crois aussi que je me cachais de ma nouvelle réalité — celle d'être une personne diabétique. Une fois que j'ai eu digéré la nouvelle que je recevrais des injections d'insuline plusieurs fois par jour pendant le reste de ma vie, l'horreur s'est installée. J'ai toujours détesté les injections; dans ma liste des cinq choses qui m'effraient le plus, elles surpassent même les araignées. Jusqu'ici, les infirmières étaient venues trois fois par jour pour me donner mes injections, mais c'était maintenant à mon tour de le faire moi-même.

L'infirmière qui me donnait la formation se tenait patiemment debout à mon chevet. Elle était rassurante, mais c'était une personne directe. Je savais que je ne pourrais pas faire traîner les choses encore très longtemps. Juste à ce moment, la femme dans le lit d'en face a commencé à hurler de douleur. Je n'avais pas de chambre privée; je partageais une salle avec quatre compagnes, et cette femme était la plus bavarde. Lorsque nous étions éveillées toutes les deux en même temps, nous parlions sans arrêt.

Elle souffrait d'un problème grave au rein qui « la faisait plus souffrir que de donner naissance à dix enfants tous en même temps ». La douleur la faisait gémir et se débattre, et les médecins se pressaient dans la chambre pour lui prescrire de la morphine.

Avec le bruit, l'effervescence et les cris d'une douleur intolérable en arrière-plan, j'ai soudainement su que je pouvais y arriver. Après tout, il y avait cette charmante dame, qui souffrait tant... comment pouvais-je comparer une pauvre petite injection à sa situation? Comment pouvais-je être aussi puérile alors qu'il ne s'agissait que d'une petite douleur? J'ai donc pris une profonde respiration et, d'une main tremblante et moite, j'ai enfoncé la seringue. J'ai survécu. J'en étais capable.

Seize années plus tard, je n'ai toujours pas oublié cette femme en douleur qui, d'une certaine manière, m'a permis de commencer à me donner moi-même mes injections. Maintenant, lorsque je fais face à une difficulté — qu'elle soit émotionnelle ou physique — je la remercie silencieusement de m'avoir montré que ça pourrait être pire, bien pire.

♥ *Sonya Nicole Nikadie*

Une nouvelle vie... le conte du type 2

Le 29 septembre 1998, le jour précédant mon quarante-troisième anniversaire de naissance, j'ai reçu le diagnostic de diabète de type 2. Cette annonce ne m'a pas vraiment consternée; je ne me sentais pas très bien depuis trois mois. Ma vision s'était considérablement détériorée en juillet de cette année-là, et mon ophtalmologiste avait changé mon ordonnance. Le mois suivant, ma vision avait encore changé et j'étais retournée le voir. Il avait modifié mon ordonnance et m'avait demandé si j'étais diabétique. Je l'avais regardé comme s'il était fou. Il m'avait recommandé d'aller voir mon médecin de famille pour un bilan de santé.

Même si je réfléchissais à ce qu'il m'avait conseillé, je n'y suis pas allée avant la fin de septembre. À ce moment-là, je buvais d'énormes quantités d'eau et je mangeais un sac de bonbons par jour, essayant d'apaiser mes besoins insatiables. J'avais beaucoup de vertiges, des étourdissements et ma vision était très floue. Quand je suis finalement allée chez le médecin, ma glycémie était tellement élevée que le moniteur ne pouvait donner une lecture précise. Le technicien de laboratoire m'a demandé de m'asseoir à l'extérieur et de ne pas partir.

Bon sang, les pensées qui ont couru dans ma tête à ce moment. J'étais certaine qu'on me ferait admettre à l'hôpital. Lorsque mon médecin est arrivée et qu'elle m'a parlé, je lui ai dit que je ferais le nécessaire pour contrôler mon sucre. Elle m'a donné le nom et le numéro de téléphone d'une nutritionniste ainsi qu'une ordonnance pour un glucomètre et des bandelettes. Elle m'a demandé de mesurer ma glycémie deux fois par jour pour le moment.

Je suis revenue à la maison, déterminée à contrôler mon taux de sucre et à améliorer ma vie. J'ai appelé la nutritionniste et j'ai pris un rendez-vous. Mais avant que je puisse la rencontrer, ma vision s'était encore modifiée et j'ai eu peur. Quand j'ai téléphoné au médecin pour lui en parler, elle m'a prescrit un médicament (Amaryl) à prendre temporairement jusqu'à ce que je m'organise. J'ai immédiatement ajusté mon alimentation et j'ai coupé tous les sucres superflus comme les bonbons et les biscuits. J'ai aussi commencé à lire les étiquettes de tous les contenants que j'achetais pour vérifier la quantité de sucre. La nutritionniste m'a appris comment calculer les hydrates de carbone et quelles quantités d'aliments de chaque groupe alimentaire il me fallait manger.

J'ai modifié mon régime et j'ai commencé à faire du conditionnement physique au spa local. J'ai pris deux milligrammes d'Amaryl chaque jour jusqu'à ce que je retourne voir mon médecin en décembre. Ma glycémie était alors normale. J'avais travaillé très fort pour arriver à la contrôler et, pour me récompenser, le médecin a diminué ma dose d'Amaryl à un milligramme par jour. J'étais très heureuse — mon but était de contrôler mon diabète sans médicaments. Jusqu'à ce moment-là, je vérifiais ma glycémie deux fois par jour. Lorsque le médecin a réduit ma dose de médicament, elle m'a aussi suggéré de la vérifier une seule fois par jour.

J'ai fait une visite de contrôle en février 1999, et ma glycémie est demeurée au même niveau qu'elle l'avait été les deux mois précédents. Le médecin a mis fin à la médication et m'a recommandé de vérifier ma glycémie seulement tous les quatre à cinq jours. J'ai dû reprendre le médicament quelques fois depuis ce temps, mais rien que je ne pouvais maîtriser.

Depuis, tout va très bien. J'ai passé un bilan de santé en septembre; ma glycémie est encore sous contrôle, et mon hémoglobine A1c est normale. Je ne prends plus de médicaments depuis février et je me sens bien. Je continue à surveiller ce que je mange et je fais de l'exercice quatre à cinq jours par semaine. Je suis ce qu'on pourrait appeler une « régulière » du spa.

Je voulais vous raconter mon histoire, car beaucoup de gens semblent croire qu'ils ne peuvent pas gérer cette maladie. Vous pouvez y arriver. Ce n'est pas si difficile si vous vous servez de votre bon sens. Trouvez des gens en qui vous avez confiance et parlez-leur pour qu'ils vous aident. Laissez-les devenir votre voix jusqu'à ce que vous vous sentiez prêt à faire face à votre maladie. Ne remettez pas à plus tard une visite chez le médecin si vous croyez que quelque chose ne va pas. Si c'est le cas, on vous en informera, et si c'est diagnostiqué assez tôt, vous irez bien.

Je sais que chaque personne possède en elle-même ce qu'il faut pour contrôler cette maladie. C'est un processus qui dure toute une vie, mais vous n'avez pas à souffrir interminablement. Je sais que c'est difficile si vous êtes jeune, mais rappelez-vous, c'est de votre vie dont il est question, et non de celle d'un autre, et vous souhaitez la maintenir le plus longtemps possible.

♥ *Karen Proctor*

CONTRÔLE

VOTRE TAUX DE GLUCOSE

Quand vous êtes diabétique, la vie semble parfois tourner autour d'un nombre magique. Non pas votre revenu ou votre poids, mais votre taux de glucose.

Plusieurs causes peuvent affecter votre taux de glucose — et, malheureusement, un certain nombre d'entre elles (comme le stress ou la maladie) peuvent être hors de votre contrôle. C'est pourquoi il est essentiel pour vous de porter attention aux facteurs que vous pouvez contrôler, en mangeant les bons aliments et en prenant consciencieusement votre médication.

VOS CORPS CÉTONIQUES

Si vous avez le diabète (particulièrement le diabète de type 1), il est aussi important de doser les corps cétoniques. Ce sont des acides dans votre sang. Si votre corps manque d'insuline, les corps cétoniques seront présents dans votre urine. Ce n'est pas un bon signe, puisque les corps cétoniques sont dommageables pour votre corps. C'est une autre raison pour laquelle il est important de contrôler soigneusement votre taux de glucose. Si celui-ci est élevé, votre médecin peut recommander de surveiller tout problème de corps cétoniques.

CONTRÔLER LA GLYCÉMIE À LA MAISON

Il est important pour les personnes diabétiques de surveiller leur taux de glycémie. Voici certains conseils pour vérifier votre glycémie.

- Votre médecin vous donnera des directives quant au moment idéal pour mesurer votre glycémie, et vous dira quelle est votre gamme idéale de taux de glucose.
- En général, vous vérifiez votre glycémie le matin au réveil, avant les repas et au moment du coucher.
- Plusieurs types de glucomètres pour la maison sont en vente actuellement, allant du modèle de base jusqu'au modèle sophistiqué. Demandez conseil à votre médecin pour savoir lequel représente le meilleur choix pour vous. Le bouche à oreille s'avère aussi utile — demandez à vos amis diabétiques s'ils préfèrent un certain modèle.
- Certains nouveaux modèles ont amélioré le processus en requérant moins de sang ou en affichant les résultats plus rapidement.

La vie peinte par numéros

Les chiffres sont importants.

J'ai appris des numéros de téléphone, d'assurance sociale, de permis de conduire, de télécopieur, ainsi que des dates d'anniversaire. J'ai compté mon temps, mes cheveux gris, et je me suis servi de chiffres pour établir l'ordre de mes priorités ou les gens qui font partie de ma vie. Je félicite ma fille lorsqu'elle apprend ses chiffres et la manière de s'en servir. Un livre complet de la Bible est consacré aux Nombres.

Mais ce n'est que récemment que j'ai vraiment pris conscience de l'impact des chiffres dans ma vie. Après deux années passées à ne pas me sentir bien et à prier pour avoir plus d'énergie, mon médecin et moi avons commencé à chercher une cause à tout cela. Je me réveillais au milieu de la nuit avec des palpitations et l'impression que j'allais perdre connaissance pour ne jamais me réveiller. Parfois ces épisodes survenaient durant le jour, subits et terrifiants.

Il a d'abord fallu surveiller les chiffres de tension artérielle et de pouls. Puis est arrivé le compte du cholestérol et des triglycérides. D'où la nécessité de lire, compter et calculer la quantité et le pourcentage de gras.

Puis sont apparus les nouveaux chiffres donnant les détails de ma glycémie. Résultats: élevés. Annonce: « Mme Lay, vous êtes diabétique. »

Maintenant de nouveaux numéros s'ajoutent à ma gamme déjà variée.

J'ai quitté le bureau du médecin, effrayée, confuse et frustrée à l'idée que ma vie allait se compliquer de plus en plus, que l'acte essentiel de manger et de planifier les repas allait devenir une carrière en soi. J'ai questionné Dieu, et j'ai prié pour que le médecin se soit trompé.

Mais d'autres tests ont révélé que le médecin ne s'était pas trompé. J'ai regardé ma fille de quatre ans et j'ai pleuré. Vivrais-je assez longtemps pour voir ses enfants?

Des chiffres encore. Un décompte quotidien de la glycémie et des grammes de sucre dans ma nourriture doit passer avant le goût ou le caractère familier d'un aliment. Les emplettes à l'épicerie se sont transformées en une leçon de mathématiques. Mes excursions au magasin jadis rapides sont vite devenues de longues séances de lecture. J'ai même envisagé d'y apporter une de mes chaises longues de jardin.

Après un certain temps, je suis devenue plutôt experte dans l'art de chercher le nombre de grammes, de compter, additionner, diviser, puis de gémir ou me réjouir.

Lors de ma première excursion à l'épicerie après avoir appris que j'étais diabétique, j'ai été abasourdie et irritée de constater la quantité de sucre dans les aliments et les boissons que j'avais aimés jusque-là. La plus grande partie des articles que je choisissais retournaient sur les tablettes. Trop de gras. Trop de sucre. Trop des deux.

Je suis devenue furieuse à la pensée de cette nourriture remplie de ces agents responsables d'une mauvaise santé, qui attend au supermarché les consommateurs inconscients. Puis, frustrée. Encore une fois, j'ai mis en doute le plan que Dieu créait pour ma vie, me demandant comment je pourrais intégrer, avec mon mode de vie affairé, la prise de médicaments et la vérification de ma glycémie quotidiennement.

N'existe-t-il pas quelque chose dont je peux simplement me délecter? ai-je crié à une bouteille de ketchup. N'importe quoi. Quelque chose qui ne susciterait pas la honte et la peur en moi, ou qui n'affecterait pas ma santé.

Puis, je l'ai vue. Une boîte de sardines en conserve. Je les adorais quand j'étais enfant. J'ai secoué la tête. Elles aussi devaient contenir quelque chose de mauvais. J'ai lu le contenu sous la boîte, agréablement surprise par la faible teneur en gras et en sucre.

Comme une jeune fille qui le jour de son mariage regarde fixement son nouveau mari, mes émotions ont pris le dessus. J'ai tenu fermement les sardines et j'ai souri. J'aimais les sardines et je pouvais en manger. J'ai jeté un coup d'œil autour de moi pour m'assurer que personne n'observait mes débordements.

Au cours de la première année, j'ai découvert que mon attitude changeait. J'ai rencontré des personnes qui étaient devenues diabétiques à l'âge adulte et j'ai fait de la lecture sur le sujet. J'ai compris que, si cette maladie change la vie, elle ne doit pas nécessairement la déranger, à moins qu'on y consente.

Des amis m'ont demandé ce qui me motivait à continuer à marcher, à suivre mon régime alimentaire, à perdre du poids, à pratiquer mes activités normales.

Je leur réponds la crainte de complications et le désir de me sentir plus en santé. Mais je sais qu'il y a beaucoup plus. C'est la joie dans les yeux de ma fille quand nous jouons à la balle dans la cour, ou que nous rions ensemble au parc d'attractions. Ce sont les moments d'amitié, d'intimité et de planification de l'avenir avec mon mari. Ce sont les conversations et les bons moments que nous échangeons avec nos amis. C'est la satisfaction et la plénitude de voir mes textes publiés et de parler à des jeunes écoliers.

Les personnes qui ont fait face au cancer ou qui ont souffert d'autres maladies parviennent à comprendre, non sans peine, qu'elles sont encore aimées et qu'elles ont leur place dans la vie. J'ai parlé avec certaines d'entre elles qui disaient que les autres les regardent différemment lorsqu'ils savent. Puis, elles se voient comme étant un peu plus qu'un réceptacle pour leur maladie. Pourtant, Dieu m'a donné tellement plus.

Je suis diabétique. Ma mère est diabétique et sa mère l'était aussi. Mais bien plus encore, je suis une femme, une mère, une fille, une sœur, une amie, une écrivaine, une voisine, une conférencière, une enseignante à l'école du dimanche, une présidente de club, une professeure pour ma fille, une compagne pour mon mari.

Même si mon diabète m'accompagne toujours, il ne représente qu'une petite partie de ce que je suis. Il m'a fallu des mois pour l'accepter, pour comprendre que j'ai une vie bien remplie devant moi, la même que le jour précédant l'annonce par mon médecin.

J'ai appris cela de ma fille de quatre ans. « Ma chérie, maman est juste… un peu malade », lui ai-je expliqué un jour où elle m'a demandé pourquoi je pique mon doigt chaque matin.

Je me suis lancée dans une longue, quoique diluée, explication de mon diabète, que je ne pouvais manger d'aliments qui contenaient du sucre et que j'avais des médicaments particuliers à prendre.

Elle m'a écoutée patiemment, puis a dit: « Je suis désolée. » Après un moment, elle a pris ma main. « Maman? »

« Oui? » ai-je demandé.

« Mais peux-tu encore jouer avec moi? »

Je l'ai prise dans mes bras et j'ai dit: « Tu parles! »

Et la vie a continué. Et je compte chaque bénédiction qu'elle m'apporte.

♥ *Kathryn Lay*

LE DIABÈTE ET VOTRE ALIMENTATION

Voici certains faits importants à propos du lien diabète et alimentation.

- Les risques de développer un diabète de type 2 ou le diabète de grossesse sont beaucoup plus élevés si vous avez un excès de poids.
- Si vous êtes diabétique, il est vital que vous contrôliez votre poids. Votre médecin ou votre

diététiste peut vous aider à préparer le régime alimentaire qui vous convient le mieux, en portant une attention particulière à la quantité de sucres et d'hydrates de carbone. Les gras saturés sont également une préoccupation importante.

- Ne suivez pas trop rapidement le mouvement des régimes pauvres en glucides. Cette approche n'est pas nécessairement bonne pour tout le monde. Votre corps a besoin de *certains* glucides, et de certains aliments qui en contiennent, comme les fruits et les légumes, qui sont des éléments essentiels d'une alimentation saine.

La pyramide alimentaire du diabète

L'American Diabetes Association (ADA) recommande d'utiliser la pyramide alimentaire du diabète pour aider à maintenir une alimentation saine. La pyramide alimentaire du diabète diffère légèrement de la pyramide alimentaire traditionnelle par le fait qu'elle groupe les aliments selon leur teneur en glucides et leur apport protéinique plutôt que selon le type de nourriture.

Voici une description de chaque groupe alimentaire de cette pyramide, ainsi que les portions quotidiennes recommandées par l'ADA.

- Grains/Féculents: pain, pâtes, riz, céréales, légumes féculents et ainsi de suite. Vous devriez en consommer six à douze portions par jour;

- Légumes: au moins trois à cinq portions par jour;
- Fruits: deux à trois portions par jour;
- Lait, yogourt, fromage: les versions sans gras ou à faible teneur en gras sont préférables. Vous devriez en consommer deux portions par jour;
- Viandes: incluant le bœuf, la volaille, le poisson et ainsi de suite. Choisissez des coupes maigres et prenez de petites portions. Votre objectif devrait être de 115 à 170 grammes par jour, répartis sur les trois repas;
- Gras, huiles, sucres: ceci inclut les bonbons et l'alcool. Vous devriez consommer le moins possible des aliments de ce groupe.

Pour plus d'informations sur la pyramide alimentaire du diabète [Diabetes Food Pyramid] et pour des recettes de repas santé, visitez le site Internet de l'ADA à *www.diabetes.org.* Vous trouverez également d'autres recettes de repas santé sur les sites *www.diabete.qc.ca* et *mondiabete.net*.

RENDRE AGRÉABLE L'ALIMENTATION SAINE

Auparavant, le terme « alimentation saine » évoquait des images de gâteaux de riz terne et au goût de carton. Ce n'est plus le cas. De nos jours, il existe des variétés apparemment illimitées d'aliments santé, dont plusieurs sont aussi savoureux que des aliments plus riches en calories. Voici quelques suggestions pour qu'il soit plus agréable de bien manger.

- *Organisez une fête de dégustation.* Invitez un groupe d'amis et demandez à chacun d'apporter quelques aliments santé — de préférence de nouveaux produits que la plupart d'entre vous n'ont pas encore essayés. Laissez chaque personne goûter à une toute petite portion de chacun de ces aliments, et effectuez votre propre « étude de marché » en comparant vos notes sur vos produits préférés.

- *Essayez l'approche opposée.* Invitez des amis pour un repas hors de l'ordinaire, sans les aviser à l'avance que vous ne servirez que des aliments sains pour diabétiques. Idéalement, ils aimeront ce repas (ou du moins, une bonne partie) et vous pourrez alors leur révéler la vérité — leur prouvant ainsi que la bonne nourriture peut aussi être bonne pour eux.

- *Ajoutez un peu de piquant à votre expérience culinaire.* Suivez des cours de cuisine, ou bien visionnez des émissions culinaires à la télévision et appliquez-vous à trouver des recettes santé aux goûts plus prononcés et aux saveurs intéressantes. Bientôt, vous produirez des plats nutritifs et énergétiques!

PENSEZ-Y...

MON ALIMENTATION

Le simple fait d'avoir été diagnostiqué comme diabétique ne signifie pas que vous êtes condamné pendant toute votre vie à manger une nourriture qui goûte le carton. Évidemment, si vous avez l'habitude de consommer une boîte de petits gâteaux chaque jour, vous devrez y renoncer. Mais il existe des façons de rendre agréable une alimentation saine.

- *Est-ce que je sais vraiment ce que je dois manger?* D'abord, assurez-vous de bien comprendre ce que vous devriez et ne devriez pas manger. Vous pourriez être surpris d'apprendre que certains de vos aliments favoris se trouvent dans la liste des choses permises. Étudiez la pyramide alimentaire du diabète et consultez votre médecin ou votre diététiste pour un régime alimentaire détaillé.

- *Quels sont mes aliments santé préférés?* Même les pires accros du fast-food aiment au moins quelques « bons » aliments. En vous inspirant de ces aliments sains de base que vous aimez, développez autant de recettes créatives qu'il vous est possible. Des sites de recettes en ligne peuvent vous être utiles.

- *Comment puis-je éviter la tentation?* S'il vous est possible d'éliminer complètement les collations sucrées et autres aliments malsains à la maison, cela vous aidera énormément. Sinon, assurez-vous de garder ces aliments quelque part hors de votre vue.

- *Puis-je faire participer ma famille à ce régime alimentaire?* Il est beaucoup plus facile de manger sainement si toutes les personnes qui vivent avec vous participent au même régime. Essayez de vous assurer l'aide de votre famille en les invitant à se joindre à vous dans la quête d'une alimentation saine.

Un doux au revoir

Nous ne regrettons jamais
d'avoir trop peu mangé.

— THOMAS JEFFERSON

Depuis le temps où il était un petit garçon qui échangeait son sandwich au beurre d'arachide pour les quelques raisins secs d'un autre enfant, mon père aimait les friandises. Si un aliment contenait du sucre, il en voulait. À l'âge de trente ans, cependant, toutes ces petites friandises l'avaient rattrapé. Son ventre était bombé et quelques mentons superposés appareillaient le tout. Ainsi, un jour, il a abandonné complètement les friandises. Il n'a pas diminué d'en manger; il n'a pas essayé quelque régime à la mode, et mangé des friandises seulement après dix-sept heures tous les deux jeudis. Il a simplement dit *plus jamais*. Plus de biscuits chauds sortis du four, plus de brownies fondants, plus de maïs au caramel croustillant et croquant, plus de gâteaux au fromage crémeux et veloutés, plus de tartes, même de la tarte à la lime onctueuse: tout cela a été banni de sa bouche et de sa table. Après le souper, même pas une menthe ne pouvait franchir ses lèvres.

Les gens croyaient qu'il abandonnerait après deux ou trois mois, mais il y a déjà trente années de cela, et pendant tout ce temps il ne s'est même pas permis un petit morceau de fudge de Noël. Il a été tenté par les friandises sans sucre, mais il avait décidé il y a longtemps qu'un brownie à faible teneur en glucides le ramènerait à ses anciennes habitudes et que, dans un mois ou deux, il mangerait à la poignée des arachides enrobées de chocolat.

Au lieu de sucre, il a commencé à faire du jogging. Au début, il faisait quelques tours du pâté de maisons, mais deux ou trois années plus tard, il s'entraînait pour les marathons. Il a passé par les ampoules, les genoux endoloris, la peau irritée et la voûte plantaire douloureuse, mais il a persévéré. Il court maintenant les marathons dans une douzaine d'États et quelques pays étrangers, et même s'il a coupé de moitié le nombre de ses épreuves sportives depuis qu'il est grand-papa, il pense encore qu'une course de dix kilomètres produit l'effet d'une journée de congé.

Ces années n'ont pas été faciles pour mon père. Ma sœur et moi adorions faire la cuisine, et je suis certaine que la vue de nos tartes au chocolat et pacanes, de nos tartes au citron, et de notre gâteau aux bananes et aux noix garni de fromage à la crème (ma spécialité) le faisait saliver. Peu importe la tentation, la seule pensée de ce qu'il avait réalisé l'aidait à demeurer fort — ou peut-être que le fait de regarder mon derrière qui prenait de l'expansion avait un effet assez dissuasif.

D'autre part, la sœur de mon père n'a jamais fait beaucoup d'exercice ni surveillé son alimentation. Nous vivons dans le Sud, un endroit où même nos tartes sont frites, et elle est plus qu'heureuse de se lancer dans la fabrication de toutes nos gâteries régionales. Que ce soit du poulet frit avec un fond de sauce, une casserole de courges crémeuses ou des croque-monsieur, sa table (comme chaque estomac autour) est pleine à craquer de plats savoureux. Au temps des Fêtes, elle fouette d'énormes quantités de sucre à la crème, de fudge *divinity* et de macarons, et elle n'oublie certainement pas d'en manger une bonne part. La dernière fois qu'elle a couru, c'était vers le congélateur pour en sortir de la crème glacée supplémentaire.

Mon père lui a déjà dit gentiment qu'elle devrait peut-être manger plus de légumes et moins de sucre. « Je n'ai jamais touché à ces choses, et je ne commencerai pas maintenant », a-t-elle rétorqué, ajoutant une autre pointe de tarte aux patates douces dans son assiette.

Il y a quelques mois, ma tante a téléphoné à mon père. Elle était devenue victime de l'histoire de diabète familiale. Elle ne pouvait comprendre pourquoi mon père n'avait toujours aucun signe de cette maladie, même s'il était plus âgé qu'elle de quelques années.

Mon père a pensé à ses années où il avait mangé de la salade et du poisson plutôt que du gâteau étagé et des grillades sur le barbecue. Il a pensé à ces milliers de kilomètres où il a martelé la chaussée plutôt que d'actionner la télécommande. Puis, il lui a seulement répondu qu'il croyait avoir eu simplement de la chance.

Aussitôt qu'il a eu raccroché le téléphone, il a lacé ses souliers de course. Il se ferait un avenir heureux et en santé à sa propre manière.

♥ *Lydia Witherspoon*

Une accro de la malbouffe repentie à contrecœur

Quand j'étais jeune fille, j'entendais de terribles histoires d'horreur à propos du diabète. Ma grand-mère paternelle avait le diabète; les médecins voulaient lui amputer les jambes, mais elle a refusé et elle est morte après avoir beaucoup souffert. Puis, il y a quelques années, mon jeune frère a reçu le diagnostic du diabète. Je présentais des symptômes depuis plusieurs années, mais je les niais. C'était dû en partie à mes peurs déjà enracinées, et aussi parce que j'avais récemment appris que je souffrais d'une maladie auto-immunitaire. J'avais l'impression que la vie m'avait déjà posé un défi suffisamment grand, alors pourquoi un autre si tôt?

Mais le temps est arrivé où mon médecin a insisté pour que je passe un test de trois heures de tolérance au glucose. Ai-je oublié de mentionner que j'ai des veines terribles et que je déteste les aiguilles? Eh bien, ce test était la pire partie de toute ma peur liée au diabète. Heureusement, je souffre du diabète de type 2, celui qui se contrôle par une médication orale et un régime alimentaire. Adieu bonbons; adieu barres de chocolat; adieu boissons gazeuses (je ne peux absolument pas supporter les sodas diète); et adieu biscuits. Mon mari me surveillait et il voulait savoir pourquoi les tiroirs étaient remplis de bonbons et de petits gâteaux! Mes petits-enfants adoraient visiter ma chambre à coucher où étaient cachées mes provisions de sucreries. J'étais une accro de la malbouffe. Il fallait arrêter tout cela. Je le reconnais, je ne me suis pas précipitée avec grand enthousiasme sur ce régime alimentaire restreint. La vérité, c'est que j'ai plutôt donné des coups de poing et j'ai hurlé. Il a vraiment fallu du temps pour que je m'y habitue.

Puis j'ai eu une grande peur — et un avertissement sérieux — quand ma mère diabétique a été conduite précipitamment au service des urgences avec une glycémie extrêmement élevée et faisant des attaques pendant des heures. J'ai pris conscience que ma mère n'avait survécu cette nuit-là que grâce à un miracle, même si elle a frôlé la mort plusieurs fois. Je me suis aussi rendu compte que « quelqu'un là-haut » m'envoyait le message de me réveiller et de réorganiser mes priorités. Il est possible de contrôler le diabète, mais cela nécessite un petit effort et de la volonté. Cela pourrait aussi vous aider à vous concentrer sur l'avantage supplémentaire de perdre votre surplus de poids.

Je ne mentirai pas — j'aime encore les petits gâteaux. Mais j'en suis venue à aimer aussi les fruits et autres trucs santé. De plus, j'ai découvert que les sucreries sont encore plus sucrées lorsque vous les gardez seulement pour les occasions spéciales.

♥ *Marcelle Kraynak*

LES REPAS À L'EXTÉRIEUR

Si vous êtes diabétique, cela ne signifie pas que vous devez dire adieu à vos restaurants préférés. Il est possible de déguster un repas délicieux tout en respectant d'assez près votre programme nutritionnel. Voici quelques conseils:

- *Évitez le pain.* Il peut vous paraître tout à fait innocent, mais le pain peut être l'un de vos pires ennemis. Il est rempli de calories vides et de tonnes de glucides. Seulement quelques morceaux de pain peuvent saboter votre régime d'une journée entière.
- *Choisissez judicieusement les desserts.* Nous n'allons pas vous ordonner de renoncer complètement aux desserts. Nous croyons que c'est irréaliste — de plus, vous finiriez par éprouver du ressentiment et de la privation. Mais vous devriez essayer de faire des choix judicieux. Le menu du dessert passe par tout un éventail de

gâteries santé jusqu'aux aliments interdits. En choisissant les desserts les plus sensés, vous aurez l'impression de vous être gâté, même si vous êtes resté sur la bonne voie.

- *Surveillez les petits extras.* Vous connaissez le vieux dicton « C'est dans les petits pots qu'on trouve les meilleurs onguents »? Eh bien, lorsqu'il est question de votre régime alimentaire, on peut aussi trouver des mauvaises choses dans des petits contenants. Il est possible que ces petits suppléments comme les vinaigrettes, les sirops et les sauces soient très dommageables sur le plan diététique. De petites quantités peuvent contenir un grand nombre de glucides, de sucre et d'autres dangers cachés. Si vous ne pouvez complètement vous passer de ces extras, demandez qu'on vous les serve à part, pour que vous puissiez en contrôler la quantité.

- *Faites attention aux portions.* Il est bien connu que les portions servies au restaurant sont démesurées. Ne vous sentez pas mal à l'aise de demander une demi-portion (la prime: c'est souvent moins cher qu'une portion). Ou commandez une entrée que vous et un ami aimez tous les deux, et partagez-la.

Je veux un biscuit

« Je veux un biscuit! » a frétillé Claire, assise, dans le siège d'enfant entouré de sacs d'épicerie débordants sur la banquette arrière de la voiture. Les sacs ballottaient et s'entrechoquaient pendant que nous sortions du parc de stationnement. Elle a fouillé dans les sacs, éparpillant les pommes, les boîtes de céréales et de jus d'orange congelé.

Trois semaines plus tôt, elle avait commencé à utiliser une pompe à insuline — un petit appareil qui injectait de l'insuline dans son corps au moyen d'un tube. Durant deux années, depuis que nous avions appris le diagnostic du diabète de Claire, nous avons pesé les aliments, mesuré l'insuline, et mangé en respectant un horaire fixe. La pompe devait nous libérer de quelques-unes des tâches exténuantes liées au diabète, de même que procurer à Claire la liberté de manger ce qu'elle voulait, quand elle le voulait, sans que je sois toujours obligée de la surveiller. Mais Claire ne voulait même pas presser les boutons de la pompe. Elle ne serait donc jamais indépendante.

Les sacs de plastique ont fait entendre un craquement. « Où êtes-vous, les biscuits? » a dit Claire de sa douce voix de petite fille.

Indépendance signifiait lire la liste de la valeur nutritive des aliments emballés, estimer la quantité de glucides dans tous les autres aliments, calculer le rapport glucides/insuline et composer ce chiffre sur sa pompe. Je ne m'attendais pas à ce qu'elle prenne tout de suite toutes ces responsabilités, mais il lui fallait commencer. Presser des touches avec supervision semblait la façon logique de débuter.

« Ah, ha! Puis-je avoir un biscuit? »

Croisant ses yeux dans le rétroviseur, je l'ai vue balancer le sac de biscuits au-dessus de sa tête.

« Si tu introduis les chiffres, tu pourras avoir un biscuit. »

« Non, c'est toi qui le fais. »

À six ans, elle reconnaissait rapidement les chiffres, elle comptait jusqu'à cent et pouvait faire une addition simple. Avec facilité, elle pressait les touches de la télécommande lorsqu'elle voulait regarder ses émissions favorites de bandes dessinées ou passer de la télévision au lecteur DVD. Mais quand nous nous asseyions pour souper et que je lui disais quel chiffre il fallait introduire dans sa pompe pour ses besoins d'insuline, elle hésitait, pleurait, puis tournait brusquement sa hanche dans ma direction, me montrant la pompe qui était attachée à sa ceinture, ses mains derrière le dos.

Dans la voiture, je n'ai pu retenir un soupir de frustration. « Claire. Je conduis. Je ne peux presser les touches lorsque je suis au volant. »

« Je-veux-un-biscuit. » Comme une brume épaisse, des sons mélancoliques s'élevaient du siège arrière.

« Tu peux en *avoir* un. Tu n'as qu'à presser les boutons. »

J'ai quitté le mégacentre commercial du district et j'ai emprunté un bout de route où des arbres très vieux s'agitaient dans la brise. À l'arrière, les sacs ont cessé de ballotter. Claire était assise immobile. Le moteur de la voiture haletait de façon rythmique.

Les manuels sur l'éducation des enfants ne parlent pas des questions complexes de dépendance/indépendance entre un parent et un enfant quand cet enfant est diabétique. La frontière entre pousser gentiment et pousser trop fort est ténue. Nous étions livrés à nous-mêmes, établissant les règles à mesure que les situations se présentaient.

Du siège d'enfant parvint un minuscule, petit « D'accord ».

Oh! Elle a dit d'accord! « Fantastique! Passe-moi le sac. » J'ai glissé ma main entre les sièges baquets, la paume vers le haut.

J'ai senti le poids du sac de biscuits dans ma main. Je l'ai glissé entre les sièges, j'ai parcouru rapidement l'étiquette de valeur nutritive, et j'ai calculé la quantité d'insuline nécessaire pour un biscuit.

Avec soin, je lui ai donné les instructions. Dans mon esprit, je pouvais voir la pompe dans sa main grassouillette, son index délicat positionné au-dessus de la touche choisie, puis sur la touche de la flèche vers le haut. Après avoir donné la dernière instruction, la pompe a pépié comme pour dire: « Bravo! ».

« J'ai réussi! Je peux avoir mon biscuit maintenant? »

Nous avons emprunté les rues sinueuses pour rentrer à la maison.

« Oui. Tu vois? Je te l'avais dit. Tu es capable. »

La pompe a libéré la quantité d'insuline nécessaire. Ma fille apprenait à faire confiance à cette petite machine. Avec les soins, l'entretien et les instructions appropriées, la pompe ferait son travail. Avec du temps et de la pratique, Claire apprendrait à prendre soin de sa santé.

La voiture roula dans l'entrée et nous étions chez nous. Mon espoir battait son plein. L'indépendance viendrait, un biscuit à la fois.

♥ *Jennifer Angelo*

BOUGEZ!

Vous ne paraissez pas bien en survêtement, vous manquez de coordination, vous n'êtes pas en forme... il est facile de trouver une centaine de raisons pour ne pas faire de l'exercice. La vérité, c'est que vous n'avez qu'à vous réserver un peu de temps. L'exercice est important pour tout le monde, mais il est particulièrement crucial pour les personnes diabétiques. Un simple dix minutes trois fois par semaine peut diminuer vos symptômes — vous pouvez augmenter votre fréquence jusqu'à trente minutes à mesure que votre résistance s'améliore. Vous n'avez même pas à quitter la maison — faire de l'exercice en vous servant d'une vidéocassette devant votre téléviseur, dans l'intimité de votre propre maison, est tout aussi efficace que vous entraîner à l'extérieur ou au gymnase.

CHOIX D'EXERCICES

- *La marche* est un excellent moyen pour débuter, particulièrement si vous n'avez pas fait beaucoup d'exercice auparavant. Au début, ne vous préoccupez pas de votre rythme de marche. Pour renforcer vos muscles et accélérer votre perte de poids, essayez de marcher en tenant de légers poids dans vos mains. Si vous craignez que la marche ne cause du stress à votre dos, vos hanches ou vos genoux, vous pouvez essayer de marcher dans une piscine.

- *Le vélo* fournit une bonne mise en forme aérobique — que ce soit sur un vrai vélo ou un vélo d'exercice. Pour de meilleurs résultats, essayez de rouler en montant et en descendant de petites côtes. Assurez-vous de mettre un peu de résistance s'il s'agit d'un vélo d'exercice.

- *La danse aérobique* est une excellente façon de se mettre en forme et de rencontrer de nouvelles personnes. Plusieurs programmes de danse aérobique incorporent de l'entraînement avec des poids. Des exercices dansés sans sauts, dans lesquels un pied est toujours posé sur le sol (pas de saut ou de course sur place) sont plus sécuritaires, particulièrement si vous commencez seulement à faire de l'exercice ou que vous avez des kilos en trop. Essayez aussi les vidéos de danse aérobique pour les débutants.

- *La natation* apporte un bienfait à tout votre corps et ne cause pas de stress à vos muscles ou à vos articulations. Repousser l'eau autour de vous fournit une résistance naturelle pour développer vos muscles. Il est possible d'ajouter un effet de résistance en vous servant de pagaies manuelles.

- *L'entraînement en circuit* avec des appareils à contrepoids est une technique hautement efficace offerte dans la plupart des gymnases.

Voici quelques idées supplémentaires pour vous aider à débuter:

- Choisissez des activités qui vous plaisent et qui conviennent à votre horaire quotidien. Ne vous inscrivez pas à un programme de natation le matin si vous détestez vous lever tôt.
- Ne vous inquiétez pas si vous manquez une journée ou deux — faites simplement votre possible pour que l'exercice fasse partie régulièrement de votre vie. Vous vous rendrez rapidement compte que vous ne vous sentez pas aussi bien quand vous ne faites pas d'exercice.
- Trouvez quelqu'un qui fera de l'exercice avec vous.

PARLEZ-EN À VOTRE MÉDECIN

Assurez-vous de consulter votre médecin avant de commencer un programme d'exercice si l'un des éléments suivants vous concerne.

- *Vous êtes un homme de plus de quarante ans ou une femme de plus de cinquante ans.*
- *Vous souffrez d'un problème cardiaque.*
- *Vous ressentez de l'inconfort dans votre poitrine lorsque vous faites de l'activité physique.*
- *Vous devenez étourdi ou vous perdez l'équilibre.*
- *Vous avez un problème d'os ou d'articulations.*
- *Vous êtes diabétique.*
- *Vous prenez des médicaments pour la tension artérielle ou le cœur.*

Même si votre médecin vous donne le feu vert, il est probablement plus sécuritaire de vous exercer dans un centre de mieux-être affilié à un hôpital si vous avez des antécédents de problèmes cardiaques récents. Ne laissez pas les problèmes de santé vous sortir complètement du gymnase!

PENSEZ-Y…

INTÉGRER « SUBTILEMENT » L'EXERCICE PHYSIQUE DANS MA JOURNÉE

Plutôt que de…	**Essayez…**
Prendre la voiture jusqu'au dépanneur du coin	De marcher ou d'y aller à bicyclette
Prendre l'ascenseur	D'utiliser les escaliers, en montant les marches deux par deux
S'allonger sur le canapé pour faire de la lecture	De lire en pédalant sur le vélo d'exercice
Bavarder nonchalamment au téléphone	De bouger, de faire des mouvements et des exercices simples tout en bavardant
Faire simplement les travaux ménagers	D'ajouter des poids à vos chevilles ou à vos poignets

L'assassin périphérique

Récemment j'ai reçu une nouvelle très mauvaise: j'ai le diabète de type 2, ce qui ne faisait pas partie de mon bilan de santé six mois plus tôt. C'est le surplus de poids qui cause cette maladie, m'a-t-on dit. Et aussi le manque d'exercice.

En fait, la bonne expression, à laquelle je résiste, n'est pas *surplus de poids*, mais bien *obésité*. Quand je me regarde dans la glace et que je prends la pose dans toute ma forme patriarcale, je ne me vois pas comme un obèse. Je vois un type fantastique avec une histoire d'amour de toute une vie pour les craquelins Wheat Thins. Et si on peut les appeler Wheat Thins après ce qu'ils m'ont fait, je devrais pouvoir éviter le mot obèse.

Jusqu'au début des années soixante-dix, j'étais reconnu pour ma minceur. Je courais, je batifolais, je brûlais des calories au lieu de les entreposer comme cellules grasses pour me prémunir contre une future famine.

Qu'est-il arrivé? J'ai eu mon premier ordinateur personnel; voilà la raison.

Oh, il y avait d'autres choses, comme avoir deux enfants et être marié à une femme incroyablement belle, acheter une maison et voir le poids de son hypothèque descendre sur mes épaules étonnamment non rembourrées. Mais tout cela a rapport à la technologie. Je n'étais pas un de ces types qui mangent devant l'ordinateur, même si le Syndrome Pepsi a eu raison de deux ou trois claviers. Le Syndrome Pepsi « diète », dois-je préciser.

Non, c'était simplement fascinant de posséder cet appareil capable d'exécuter tout ce que je lui disais. J'adorais écrire en sa compagnie et proposer des soumissions et gérer une entreprise. C'était mon ami même avant qu'il n'acquière toute sa puissance. Puis lorsqu'il est devenu plus important, et que l'Internet et les courriels ont fait leur apparition, j'étais fichu.

Un jour — le 12 novembre 1994 —, j'ai cessé de faire mon jogging quotidien. J'ai mis la faute sur le froid et un genou arthritique. Mais les camions de beignets ont continué à rouler. Et j'aimais tant ces burritos au fromage et au chili chez Taco Bell. Si réconfortants, et tellement débordants.

Ce n'est pas arrivé du jour au lendemain. Je ne m'entraînais pas pour un concours de mangeurs de tartes professionnels. Mais un pilon de poulet par-ci, une lampée de délicieuse boisson de céréale par-là.

Je ne gagnais qu'une livre par année. Mais comme Polonius l'a dit à propos de sa blessure lorsque Hamlet lui a donné un coup de couteau: « Ce n'est pas aussi profond qu'un puits, pas aussi large qu'une porte d'église, mais c'est quand même suffisant. »

Eh bien, voici quelque chose d'aussi large qu'une porte d'église. Mais il ne s'agit pas d'une blessure.

Je sais que tous les utilisateurs d'ordinateur n'ont pas des kilos en trop. Mais beaucoup ont un surplus de poids. Il s'agit de ceux qui, après le travail, arrivent à la maison, engloutissent un repas rapide et se retirent dans la sérénité et l'intrigue du monde en ligne. C'est un royaume virtuel, scintillant, incorporel. Et c'est fantastique. Mais la réalité est que nous continuons à occuper des corps non virtuels et, comme le chien qui vous apporte la laisse entre ses dents, nos corps ont besoin de bouger périodiquement.

Comment savez-vous que vous avez un problème? Mon médecin me l'a expliqué ainsi: si vous êtes assis et qu'en baissant les yeux vous ne pouvez voir votre ceinture sans appuyer sur votre estomac comme sur une fournée de pâte à pain, alors bon sang, vous avez un problème.

Donc, je dois perdre quinze kilos. Il me dit que si je réussis, l'impact du diabète sera atténué, et la glycémie élevée ne détruira plus les vaisseaux sanguins qui nourrissent les nerfs vitaux — comme ceux vers mes pieds, mes yeux, mon cœur et mon cerveau.

L'oreille est irrémédiablement fermée, mais je peux encore sauver toutes les autres parties qui fonctionnent bien.

Alors, me voici, votre pire cauchemar. Je suis votre maman, sans la spatule. Une personne de bon conseil avec une histoire vraie effrayante, apprenant l'interprétation gestuelle sur le site *American Sign Language*, et vous conseillant de vous arrêter et de réfléchir à votre façon de vivre.

Je vous dis de fermer l'ordinateur, de vous lever de votre chaise pivotante et d'aller faire une promenade à l'extérieur. *C'est bien ce que j'ai dit,* insista-t-il cruellement, *et une marche rapide avec ça!*

Et ce sandwich qui dépasse de votre poche? Il est temps de lui rendre sa liberté. Je sais que c'est difficile. Mais envole-toi, petit oiseau, envole-toi.

♥ *Mike Finley*

RELATIONS SAINES, VIE SAINE

Les amitiés et autres relations sont souvent victimes d'un diagnostic de diabète. Il est possible que ces liens commencent à souffrir si vous passez trop de temps à être obsédé à propos de votre maladie ou si vous donnez l'impression à vos amis qu'ils sont là pour prendre soin de vous. Voici certains conseils pour conserver la solidité de vos relations.

- Sentez-vous libre de demander de l'aide, mais n'accablez pas sans cesse la même personne, ou ne profitez pas de son amitié.
- Ne leur permettez pas d'être vos « gardiens du sucre » — ou pire, ne les y obligez pas. Si vous tendez la main pour prendre un aliment et qu'on vous demande: « Es-tu sûr que tu peux manger ça? », ne prenez pas la remarque trop au sérieux; donnez plutôt l'assurance que vous vous préoccupez consciencieusement de votre taux de sucre. Sinon, inévitablement, vous commencerez à détester la présence d'« un gardien ». La bonne nouvelle: ils sont seulement inquiets parce qu'ils se soucient de vous — une fois que vous les aurez rassurés que vous prenez votre santé au sérieux, ils se montreront probablement moins stricts envers vous.
- Partagez votre santé nouvellement retrouvée et vos connaissances nutritionnelles avec vos amis — d'une façon amusante, sans prendre un ton sermonneur. Par exemple, offrez-leur une soirée dans un restaurant branché qui se spécialise dans les aliments nutritifs et bons pour les diabétiques. Ou faites-vous une réputation de meilleur créateur de salades de votre groupe, et invitez souvent les gens à déguster vos créations santé.

UN PROJET FAMILIAL

C'est une très bonne idée d'impliquer votre famille à votre programme de traitement du diabète. Entre autres, avoir autour de vous des gens qui vous supportent est une excellente façon de renforcer votre moral, et cela peut vous aider à conserver votre motivation. Particulièrement dans le cas des enfants, les laisser participer à votre traitement peut aider à ce qu'ils se sentent moins impuissants. Essayez de réfléchir à un moyen d'en faire un projet amusant — en cherchant la quantité de sucre / glucides dans certains de vos aliments favoris, ou en vivant des aventures de « mise en forme en famille », où votre journée est remplie d'activités physiques. Une prime : presque toutes les recommandations de mode de vie pour les diabétiques (demeurer en forme, manger un régime sain, et ainsi de suite) sont d'excellentes suggestions pour tout le monde en général. Ainsi, la santé de votre famille peut s'améliorer simplement en suivant votre programme avec vous.

PENSEZ-Y...

MES PARTENAIRES DE DIABÈTE

Les gens qui m'aideront à mieux vivre avec mon diabète sont: ______________________

____

____

____

Les gens qui pourraient nuire à mon habileté à bien vivre avec mon diabète sont: ______________

____

____

____

Les gens à qui je dois dire mon état diabétique, mais dont je crains de ne pas obtenir leur soutien sont:

____

____

____

Ma stratégie lorsque j'ai affaire à de telles personnes est: ____________________________

____

____

____

L'impact émotionnel du diabète

« Va-t-en. Recule! Ne me touche pas. » La voix de mon mari retentissait dans le restaurant. *Comme c'était gênant!*

Les enfants avaient les yeux écarquillés et l'accès de colère de leur père les déconcertait. Jetant un coup d'œil vers la table voisine, j'ai aperçu de longs regards interrogateurs.

Même si cela s'était produit plusieurs fois déjà, j'arrivais difficilement à faire face aux réactions subites d'hypoglycémie de mon mari. Pour les diabétiques de type 1 qui dépendent de la pompe à insuline, l'équilibre de leur glycémie peut être un combat constant. Certains jours, même une planification, une surveillance et un régime alimentaire des plus stricts ne peuvent prévenir une réaction hypoglycémique.

L'hypoglycémie produit un certain nombre de symptômes physiques et émotionnels : une importante sudation, des mains tremblantes, de la désorientation, de la confusion et un sentiment de panique. Lorsque Jim fait de l'hypoglycémie, il se sent impuissant et hors de contrôle, et il voit tous ceux qui essaient de l'aider à travers un nuage de paranoïa et de méfiance. Sa pensée logique s'égare, et il devient impossible de raisonner avec lui.

Après une réaction hypoglycémique, les sentiments que Jim ressent peuvent provoquer chez lui une dégringolade émotionnelle. Des sentiments d'échec, de méfiance, d'embarras, de colère et de défaite refont fréquemment surface. À certains moments, la combinaison des émotions est tellement complexe qu'il est impossible de les décrire clairement.

Le plus difficile pour moi, c'est le changement de personnalité. Alors que l'hypoglycémie est un cas d'urgence médicale, la personnalité modifiée donne à la situation un caractère surréel. Lorsqu'une personne que vous aimez et qui vous aime crie pour que le monde entier l'entende: « Recule, ne me touche pas », une blessure s'installe et il est difficile de la guérir. Je comprends qu'il parle de façon irrationnelle, cependant ses mots blessent.

Ce jour-là, alors que je m'efforçais de stabiliser la glycémie de mon mari, il est devenu mon pire ennemi. Comme un enfant qui refuse de prendre ses médicaments, il a contrarié mes efforts au point de devenir combatif. Je craignais qu'il perde littéralement conscience et qu'il tombe sur le plancher.

Au cours de vingt-cinq années de mariage, j'ai appris que ma plus grande responsabilité est ma réaction aux besoins de Jim. Parfois il m'arrive de vouloir fuir la situation pour éviter la panique et la gêne devant ses propos ou ses gestes possibles, mais je dois me concentrer et demeurer calme et compétente.

Durant les moments de crise, j'ai appris le pouvoir de la prière. Quand on est devant un être cher irrationnel, la prière fournit le réconfort et le courage nécessaires pour faire face au défi du moment. Ma force seule me laisse impuissante à affronter la situation avec calme et sagesse.

Il y a plusieurs années, une réaction hypoglycémique a failli emporter la vie de Jim. Le feu clignotant bleu de la voiture de l'agent de police et la vue de l'amas de ferraille contre le garde-fou sont gravés dans ma mémoire. Jim s'est sorti miraculeusement de l'accident avec un minimum de dommages physiques. Il a fallu des années avant qu'il ne se permette à lui-même, ou à moi, d'exprimer et de reconnaître les émotions entourant cette soirée.

En fin de compte, cette maladie entraîne des conséquences sur notre relation de couple aussi bien que sur nos relations avec les enfants. Il y a une tendance à nier la maladie et à ignorer ses ramifications, autant présentes que futures. Il est plus facile de ne pas penser aux possibles insuffisance rénale, amputation ou cécité. Il est difficile de ne pas jouer à être « normal ». Mais notre réalité se compose en fait d'épisodes d'hypoglycémie, de surveillance constante, de blessures trop longues à guérir, et du comptoir de la salle de bain rempli d'une panoplie de médicaments préventifs.

La plupart des diabétiques se battent jusqu'à un certain point contre la dépression. Souvent, la dépression menace aussi la famille. La maladie est chronique et invasive, une partie interminable de la vie. Comme la maladie est « invisible », les parents, les amis et les connaissances la considèrent souvent comme une simple nuisance. Ils ne comprennent pas sa quotidienneté.

Alors que la société offre un exceptionnel soutien aux individus et aux familles confrontés à des maladies terminales, cette même société demeure inconsciente des difficultés émotionnelles associées à une maladie chronique, parfois mortelle.

Dans le cas du diabète, certaines choses se font plus facilement que d'autres — la saine alimentation, l'exercice et la thérapie par la pompe à insuline. Mais il est plus difficile d'affronter le désordre émotionnel. Ce n'est que tout récemment que mon mari a pu aborder la colère et la peur qu'il ressent, et se rendre compte que souvent, de façons subtiles, il n'est pas conciliant.

Étais-je préparée pour la suite des choses quand nous nous sommes mariés? Non. Est-ce que je savais qu'il serait confronté à des hémorragies de la rétine, de la cécité temporaire et des opérations aux yeux? Non. Est-ce que je savais que nous devrions travailler vraiment fort pour maintenir une intimité émotionnelle? Non. Aurais-je choisi de l'épouser si je l'avais su? OUI!

Quand vous aimez quelqu'un, vous ne cessez pas de l'aimer lorsque les circonstances deviennent difficiles. Quand « et pour le pire » est plus difficile que ce à quoi vous vous attendiez, vous trouvez ce qui va bien dans votre relation et vous le savourez. Vous travaillez ensemble pour découvrir des moyens d'être encourageant et d'un grand soutien. Vous faites en sorte que chaque moment compte.

♥ *Candy Arrington*

Apaiser la douleur d'une pelote à épingles

Mon mari et moi vivons avec une pelote à épingles. C'est ainsi que notre seule enfant se sent, malgré ses jambes qui font audacieusement la roue, et la force de ses bras aux barres horizontales. Ses amis voient une gymnaste, une danseuse, une personne qui adore les animaux et les autres enfants. Moi aussi je vois tout cela, mais…

Pendant quatre années, les gens n'ont pas remarqué les trous, les endroits sur sa peau tendre où elle a été piquée de façon répétée, trois à six fois par jour. Ils n'ont pas entendu non plus les cris perçants, ni été témoins des coups de pieds de ce corps trop jeune pour comprendre pourquoi ses parents lui faisaient mal.

Les injections d'insuline maintenaient ma fille en vie. Mais moi, étant sa mère, comment pouvais-je mieux soigner ses blessures, les blessures mentales et celles causées par les aiguilles?

Au début, nous avons caché la douleur du diabète, ces gouttelettes de sang qui coulaient au bout de son doigt tendu, ou les maux de tête et les étourdissements causés par l'hypoglycémie. Peu de gens ont vu nos larmes ou entendu les éclats de voix de frustration, mais la vie de notre famille a changé. Nous n'avons jamais quitté la maison sans une trousse d'urgence suspendue à notre épaule. Comme des voleurs, nous nous glissions furtivement sur le siège arrière de notre voiture pour faire des tests de glucose. Nous nous pressions dans des isoloirs de salles de bains pour mesurer de l'insuline dans une seringue comme des héroïnomanes. Nous nous sentions sales comme si nous avions fait quelque chose de mal. Notre fille refusait de parler aux gens de sa maladie de peur de se faire exclure.

Nous avons commencé à entendre des histoires dérangeantes de la part d'autres parents dans la même situation.

Carly a eu une autre crise la nuit dernière. Ses yeux se sont révulsés et elle a commencé à devenir bleue.

J'ai donné à Donald la mauvaise dose d'insuline. J'ai entendu une femme à l'hôpital dire: « Je crois que ce petit garçon est mort. »

Tyler n'est pas sorti de l'autobus. Il a eu une réaction d'hypoglycémie et tout le monde autour de lui croyait qu'il dormait. Nous l'avons presque perdu.

Chaque jour, je préparais les aiguilles de ma fille et je me demandais quel autre malheur nous attendait. Nous étions si fatigués. Nous ne voulions que sortir du bourbier.

Désespérés de trouver de l'aide, nous avons volé vers la Floride en juillet 2003 pour assister à un congrès national sur le diabète, destiné aux enfants diabétiques et à leurs familles. Plus de 1500 personnes assistaient à l'événement et, avec Disney World à l'arrière-plan, nous avons trouvé la baguette magique de Tinkerbell, la magie qui ramènerait les rires dans notre maison.

J'ai vu comment d'autres familles se relevaient de leur difficulté et transformaient leur vie. Un père a créé le site *www.childrenwithdiabetes.com.* Ce site Internet relatif au diabète est devenu le plus important au monde.

Comme écrivaine à la pige, j'ai interviewé plusieurs modèles d'inspiration célèbres. L'aventurier Will Cross, qui a relevé le Défi *Peaks and Poles* de *Novolog**, est près de devenir le premier Américain, et la première personne au monde, à vaincre les plus hautes montagnes de chacun des continents et à marcher vers le pôle Sud et le pôle Nord. Il a attribué son succès continu aux nouvelles technologies et à sa

---

* NdT: Au Canada, Novolog est mieux connu sous l'appellation Novorapid.

famille qui le soutient — autant à la maison que dans sa communauté.

« Il y a 29 ans, quand j'ai reçu ce diagnostic, il était bien plus difficile de gérer mon diabète que ça ne l'est maintenant avec l'introduction d'un nouveau type d'insuline et d'un stylo d'injection. Ma mère était une grande fervente qui me permettait et même voyait à ce que je puisse faire du sport », a-t-il raconté.

« Mon père m'a dit: "Tu as le diabète, fais-y face, et assume-le." Tout comme mon équipe de soins pour le diabète, ils m'ont montré que je pouvais gérer ma santé. Je peux réaliser à peu près tout ce qu'une personne non diabétique peut accomplir. »

Hamish Richardson, un membre du groupe Brother, m'a dit: « Vous pouvez vous servir du diabète comme excuse pour ne pas faire ou ne pas être ce que vous voulez être… ou vous pouvez vous trouver un point fort qui signifie: "D'accord, je suis différent." À un moment donné, chacun de nous aura un défi à relever. » Les deux m'ont rappelé que les personnes diabétiques peuvent accomplir des choses extraordinaires.

Mais c'est une adolescente, Clare Rosenfeld, qui a eu le plus d'influence sur moi. Elle a mis sur pied un groupe appelé International Diabetes Youth Ambassador pour encourager les jeunes à raconter leurs expériences et à susciter une meilleure compréhension du diabète dans leur communauté.

Durant son allocution au banquet du congrès, la puissance de sa voix m'a remuée. Si une adolescente pouvait dire ce qu'elle pensait, je le pouvais aussi.

J'ai serré ma fille « pelote à épingles » contre moi, sachant que notre famille n'avait plus besoin de cacher ses sentiments. J'avais plutôt besoin d'enlever le mouchoir de papier taché de sang pour montrer aux gens les trous, ces puits sombres de désespoir que pouvaient infliger ces aiguilles à notre famille.

Aujourd'hui, sachant que nos voix peuvent changer les choses, la douleur de notre famille s'est apaisée. Les mères mettent sur pied des groupes de soutien. Les pères aident à organiser des danses et des marches pour des campagnes de financement. Les enfants diabétiques font des pressions auprès des gouvernements, et les frères et sœurs écrivent des discours sur leurs expériences.

Comme Zippora Karz, une ancienne ballerine du New York City Ballet, me l'a rappelé : « Le diabète, ce n'est pas une sentence de mort. À un certain moment, vous avez besoin de prendre une bonne respiration et de dire *d'accord, ce n'est pas juste, mais que puis-je faire pour atteindre le meilleur de moi ?* »

Aujourd'hui, notre famille est reconnaissante d'être sortie de son trou noir. C'est le diabète qui nous fait encore plus apprécier la vie.

♥ *Debbie Okun Hill*

DEMANDER — ET ACCEPTER — DE L'AIDE

Soyons réalistes, personne n'aime demander de l'aide. Et si vous êtes du type obstinément indépendant, demander de l'aide peut ressembler à un échec. Eh bien, vous avez besoin de réajuster votre façon de penser. Tout le monde a parfois besoin d'aide, et il n'y a là rien de honteux. Vous ne devriez pas hésiter à rechercher l'aide de vos êtres chers — d'autant plus que, sans doute, vous offrez rapidement la vôtre quand ils ont besoin d'un coup de main.

Les personnes diabétiques découvrent qu'il leur faut parfois un peu d'aide supplémentaire, principalement lorsqu'elles ne se sentent pas bien ou qu'elles subissent des complications liées au diabète.

Si vous n'avez pas l'habitude de demander de l'aide, il est possible que la chose ne vous vienne pas naturellement. Voici quelques trucs qui pourraient vous aider.

- *Ne soyez pas trop fier pour accepter les offres.* Idéalement, les amis et la famille vous offriront leur aide avant même que vous ayez besoin de la demander. Ils ne vous l'offriraient pas s'ils n'étaient pas intéressés, alors n'ayez pas l'impression de vous imposer en acceptant leur proposition. Si des amis offrent de vous aider, et que vous en avez besoin, faites-leur savoir.

- *Partagez les responsabilités.* Faites attention de ne pas surcharger la même personne en ne vous fiant continuellement qu'à elle lorsque vous avez besoin d'aide. En demandant une faveur occasionnelle à une tierce personne, vous éviterez d'en épuiser une seule.
- *Appuyez-vous sur votre groupe de soutien.* Avec un peu de chance, vous avez trouvé un groupe de soutien pour diabétiques — ou même simplement réuni un réseau informel composé d'amis et de collègues qui souffrent aussi de la maladie. Vous pourriez trouver plus facile de vous demander mutuellement de l'aide, car vous savez que vous êtes tous dans la même galère.
- *Communiquez.* Il est possible que les gens ne soient pas conscients de vos besoins, ou qu'ils ne veuillent pas vous offenser en présumant que vous avez besoin d'aide. Souvent, les personnes aux prises avec le diabète (ou d'autres maladies) en viennent à éprouver du ressentiment quand les gens dans leur entourage ne les aident pas — alors qu'en réalité personne ne savait qu'elles avaient besoin d'aide. Ou peut-être ne sont-ils pas vraiment certains du type d'aide dont vous avez besoin. Si un ami vient chez vous pour vous aider dans vos tâches ménagères, mais que vous avez plutôt besoin d'un moyen de transport pour vous rendre à la pharmacie, parlez franchement.

- *Soyez certain de rendre la pareille.* Les amis sont heureux d'apporter leur aide, mais personne n'aime donner continuellement sans recevoir de temps à autre. L'amitié est une voie à double sens — pour éviter de passer pour un profiteur, assurez-vous d'offrir votre aide en retour quand un ami est dans le besoin.

TROUVEZ DES COMPAGNONS DE DIABÈTE

Rester en santé quand vous êtes diabétique peut être un travail ardu. Il y a beaucoup de changements dans le mode de vie, des tests quotidiens de glycémie, des médicaments, des visites chez le médecin, et autres responsabilités. Il faut de la discipline et il se peut que ce soit parfois décourageant. Vous pourriez profiter d'une aide énorme si d'autres personnes qui affrontent les mêmes défis que vous vous accompagnent. Essayez de trouver un groupe de soutien pour diabétiques dans votre localité, ou un autre organisme d'aide dans votre région. S'il n'existe pas de groupe formel, créez votre propre club. Dans votre famille ou dans votre cercle social, il est fort probable qu'il y ait d'autres personnes diabétiques ou à risque de développer cette maladie.

Ce groupe peut devenir un atout inestimable. Vous pourrez vous donner mutuellement du soutien moral, des renseignements utiles et une oreille compatissante. Il sera aussi beaucoup plus facile de vous motiver à faire de l'exercice si un de vos amis participe avec vous à la même activité. Il en est de même pour votre régime alimentaire — si vous mangez avec un ami qui doit aussi surveiller sa glycémie, ce sera plus facile pour vous de rester sur la bonne voie.

Aux yeux d'une sœur

Debout dans l'entrée, j'observais ma mère qui était aux petits soins pour mon frère et qui veillait à ses besoins. Ma colère augmentait à mesure que les minutes — qui ressemblaient beaucoup plus à des heures — s'écoulaient. Je voulais seulement qu'elle regarde le dessin que j'avais colorié pour elle. *C'est comme si elle ne sait même pas que j'existe*, ai-je pensé en moi-même.

« Maman, peux-tu venir voir mon dessin maintenant? » ai-je demandé, remplie d'espoir. Ma mère s'est retournée vers moi, frustrée. « Ma chérie, ne vois-tu pas que j'essaie de donner à Jimmy son injection et de le faire souper? Sa glycémie est basse et il doit manger tôt. Je regarderai ton dessin plus tard. »

Je me suis retournée et j'ai couru vers ma chambre, j'ai claqué la porte, je me suis jetée sur mon lit soigneusement fait et j'ai pleuré. Je savais qu'il n'y aurait pas de plus tard. Il n'y en avait jamais. *Il n'y en a que pour Jimmy, jamais pour moi*, me suis-je dit en moi-même. *Elle ne viendra pas, je le sais.*

Je me suis levée de mon lit, j'ai essuyé mes joues mouillées de larmes, j'ai pris mon dessin et je l'ai déchiré en morceaux. Je me suis ensuite jetée de nouveau sur mon lit pour m'apitoyer un peu plus sur moi-même.

Quelques instants plus tard, la porte s'est ouverte et ma mère est entrée. Elle s'est assise sur l'extrémité de mon lit et m'a dit : « Très bien, ma chérie, où est ce dessin que tu voulais me montrer ? »

Je me suis rassise et j'ai essuyé encore une fois mes larmes, puis j'ai baissé les yeux vers l'endroit où j'avais déchiré mon dessin. *Si ce n'était pas d'eux, mon dessin serait encore beau,* ai-je pensé en moi-même.

Je lui ai montré où se trouvaient les morceaux et je lui ai tourné le dos. « Il est là ton dessin stupide », ai-je dit, la voix remplie de colère.

Elle a quitté la chambre et elle est revenue un moment plus tard avec du ruban adhésif dans les mains. Elle s'est assise sur le plancher et a rassemblé tous les morceaux de mon dessin. « C'est le plus beau dessin que tu as jamais colorié pour moi. » Elle m'a prise dans ses bras et m'a serrée très fort. « Tu sais, ma chérie, je t'aime plus que tout au monde. Et même si je dois parfois donner un peu plus d'attention à ton frère aîné, je veux que tu saches que je serai toujours là pour toi. »

Me voici maintenant à l'âge de trente-sept ans, avec mes deux filles magnifiques que j'aime beaucoup. Et ma plus jeune a le diabète de type 1. Avec mes souvenirs d'enfance en tête, je me prépare à m'asseoir avec du ruban adhésif dans la main, prête à rassembler les morceaux d'un beau dessin que mon autre fille a colorié pour moi.

Bien qu'il n'y en ait qu'une seule de malade, les deux ressentent de la douleur.

♥ *Jodi Munro*

GRAVES COMPLICATIONS

Comme l'ont démontré les histoires de ce livre, il ne faut pas craindre le diabète. Cependant, vous devez savoir que le diabète peut entraîner de plus graves complications. La meilleure solution, bien sûr, c'est d'être informé, d'être vigilant et d'être en contact avec votre médecin lorsque le besoin s'en fait sentir.

MALADIE CARDIAQUE

Selon les Centers for Disease Control and Prevention, 3,5 millions de personnes diabétiques souffraient de maladie coronarienne en 2003.

- La maladie cardiaque est causée par des artères endommagées, ce qui peut provoquer des blocages et des caillots. Il est possible que la maladie cardiaque soit présente sans qu'aucun symptôme ne se manifeste.

- L'insuffisance cardiaque est plus commune chez les diabétiques. La rétention d'eau est un symptôme courant et précoce d'un problème cardiaque; donc avertissez votre médecin si vos pieds, vos jambes ou d'autres parties de votre corps commencent à enfler.
- Maintenir un bon taux de cholestérol et une tension artérielle normale est un pas important afin d'éviter les maladies cardiaques.
- Demandez à votre médecin si la thérapie par l'aspirine vous convient.

ACCIDENT VASCULAIRE CÉRÉBRAL

L'accident vasculaire cérébral (AVC) préoccupe sérieusement les personnes diabétiques. Une tension artérielle élevée est le plus grand danger que vous risquiez un AVC.

PROBLÈMES RÉNAUX

Le diabète est la principale cause de problèmes rénaux et d'insuffisance rénale. La présence de protéines dans l'urine indiquera à votre médecin qu'il est possible que vous souffriez d'une maladie rénale. Il est important de bien contrôler sa glycémie et sa tension artérielle. Outre les changements dans votre mode de vie, votre médecin pourrait aussi vous prescrire des médicaments. Certains médicaments pour traiter la tension artérielle élevée sont particulièrement bénéfiques pour les reins. Dans les cas de dommages aux reins à un stade avancé, il peut être nécessaire d'envisager la dialyse ou une transplantation de rein.

NEUROPATHIE

Il est possible que le diabète endommage les nerfs, ce qui peut entraîner une perte de sensation dans vos pieds. Vous ne remarquerez peut-être pas alors la présence de durillons ou de blessures à vos pieds, à moins que vous ne les vérifiiez quotidiennement. Vous devriez discuter avec votre équipe de soins de santé à propos de chaussures adéquates.

ACIDOCÉTOSE

L'acidocétose survient quand les cétones de votre corps atteignent un niveau dangereusement élevé. C'est un état grave qui peut conduire au coma, ou même être fatal si on ne le traite pas immédiatement. Des signes annonciateurs incluent une grande soif soudaine et le besoin d'uriner plus fréquemment qu'à l'habitude. Vous pouvez aussi vous sentir nauséeux ou étourdi. Si vous croyez être atteint d'acidocétose, consultez immédiatement un médecin.

SIGNES DE PROBLÈMES

Si vous êtes diabétique et souffrez d'un ou de plusieurs des problèmes suivants, contactez votre médecin.

- *Peau sèche ou gercée, ampoules ou plaies qui prennent beaucoup de temps à guérir ou tout type d'éruptions inhabituelles;*
- *Enflure, particulièrement dans les jambes ou les pieds;*
- *Engourdissement ou picotements dans les pieds;*
- *Tout problème de vision.*

PENSEZ-Y...

COMMENT LE DIAGNOSTIC DU DIABÈTE A-T-IL AMÉLIORÉ MA VIE

L'une des bonnes choses à propos d'un diagnostic de diabète est qu'il incite souvent les gens à effectuer d'heureux changements dans leur vie. En vous concentrant sur les aspects positifs, vous pouvez garder une attitude optimiste.

- Ai-je perdu du poids? Si oui, ai-je pu m'acheter de nouveaux ensembles, ou entrer dans mes vêtements « de personne svelte » que je ne pouvais plus porter depuis des années?
- Ma forme physique s'est-elle améliorée? Si oui, puis-je faire des activités que je ne pouvais pas faire auparavant, comme une longue promenade en famille?
- Est-ce que j'ai utilisé cette expérience comme un avertissement pour apprécier les choses que je tenais pour acquises, comme ma santé et le soutien des amis et de la famille?
- Ai-je gagné quelques nouveaux amis dans les groupes de soutien que je viens de découvrir?
- Me suis-je bien servi de mes connaissances sur le diabète, en informant d'autres personnes?

Danser avec le diabète

Au lieu de valser dans le « vrai monde », ma dernière année de collège a ressemblé à une danse disco avec des talons aiguilles de quinze centimètres. Pourquoi ? Parce que j'ai reçu le diagnostic que j'étais diabétique. À cause de ma glycémie élevée et de tout ce que j'avais à apprendre, je me sentais épuisée.

La période de deux mois précédant mon diagnostic, alors que je mangeais du chocolat comme une championne mangeuse de tartes et que je ne gagnais pas un kilo, a rendu difficile la gestion de mon diabète au début. Imaginez que vous apprenez à danser le *jitterbug** en vous servant d'un livre pour connaître les pas. Il en a résulté que la gestion de mon diabète donnait l'image d'un lapin Energizer avec deux ou trois vis lâches.

Les injections d'insuline sont douloureuses. Ma méthode, qui consistait à me fermer les yeux et à

---

* Danse acrobatique sur rythme de swing ou de boogie-woogie (Le Robert & Collins).

enfoncer l'aiguille au hasard, me laissait couverte de bleus. Les piqûres sur le bout de mes doigts me faisaient souffrir. Et le sinistre régime alimentaire à faible teneur en sucre me frustrait tellement que j'étais sur le point d'abandonner.

Puis est arrivé le soir du bal de la remise des diplômes.

J'ai passé ma seule et unique soirée de bal à regarder des formes floues sur le plancher de danse parce que mes yeux s'ajustaient à des niveaux normaux de glucose. J'avais réussi à abaisser les chiffres de mon dernier test sanguin, seulement pour entrevoir, les yeux plissés à cause des lumières stroboscopiques, les tables décorées de fleurs.

Malgré mes efforts pour parvenir à voir quelque chose, j'ai essayé d'apprécier le doux parfum des roses dans mon bouquet de bal et j'ai fait semblant que l'arôme délicieux des aliments du buffet était vraiment du foie haché. Cela n'a pas fonctionné longtemps. Particulièrement avec le gâteau au chocolat.

J'étais trop déprimée pour danser.

Mais je ne pouvais pas non plus abandonner. J'avais toute la vie devant moi. J'ai donc fini par danser de toute façon. Des orteils meurtris et une robe à crinoline déchirée ne m'ont pas arrêtée. J'étais incapable de voir les regards de désapprobation des autres, alors j'ai tiré le meilleur d'une situation difficile et je me suis, finalement, vraiment amusée. Et j'ai appris une précieuse leçon.

Dansez. Même lorsque la vie est douloureuse. C'est préférable à l'autre solution.

Je ne suis pas une personne qui se tient à l'écart, donc après ma leçon de cette soirée du bal de la remise des diplômes, je me suis résolue à apprendre tout ce que je pouvais sur le diabète. Je me suis lancée dans la danse et j'ai géré à la fois le diabète et une vie universitaire active. Après la remise des diplômes, j'ai commencé une thérapie en me servant d'une pompe à insuline. Libérée des repas programmés et de la nourriture fade, j'avais envie de danser une gigue.

Puis, à vingt-quatre ans, j'ai trouvé le partenaire parfait et la vie est devenue une danse lente et sereine. De longues promenades et des conversations jusqu'aux petites heures du matin m'ont même inspirée à prendre encore mieux soin de moi. J'avais de nombreuses raisons de vivre. J'ai cessé la thérapie avec la pompe quelques mois avant mon mariage et j'ai maintenu mon A1c d'hémoglobine à 6,5. Les injections et les piqûres au doigt sont devenues des étapes quotidiennes. Plus d'hésitations.

Puis sont arrivés les enfants.

La grossesse avec le diabète ressemblait à une danse rythmée. Les glycémies de plus de 200 ont inspiré des cauchemars à propos de toutes les complications imaginables. Dommages au cerveau. Difformités. Mort. Au premier rendez-vous avec le médecin, tout ce que j'ai entendu, c'étaient les mots:

« Vous avez 40 pour cent de probabilités de perdre ce bébé si vous ne contrôlez pas parfaitement votre glycémie. »

Parfaitement?

Je suis sortie du bureau en larmes.

Quand mes glycémies étaient élevées, j'avais l'impression d'être la pire des mères sur terre. L'existence de mon bébé dépendait de moi, et j'écrasais son petit corps avec du sucre.

Il a été aidant de revenir à la thérapie avec la pompe, mais la peur des complications pour mon bébé et moi-même me tourmentait.

Je voulais vivre cette danse jusqu'au bout.

Mais j'en étais incapable. Alors je me suis souvenue de la leçon apprise lors du bal de la remise des diplômes, et j'ai dansé quand même.

À chacune de mes trois grossesses, il y avait un petit être en moi que je voulais tant tenir dans mes bras et voir grandir vers la vie adulte. Pour y arriver, je devais danser avec le diabète et maîtriser de nouveau les pas de base. De l'insuline supplémentaire, d'énormes quantités de bandelettes de test et une peur menaçante m'ont fait danser rapidement pendant les neuf mois de grossesse.

Même mon A1c d'un niveau de 5,8 n'a pu prévenir l'inquiétude collective dans la salle d'opération quand ma plus jeune est née. Elle pesait plus de cinq kilos. Trois semaines avant terme.

« Je crois qu'elle est le plus gros bébé que j'ai jamais accouché », m'a dit mon obstétricien.

Des années plus tard, elle l'est encore.

À ce moment-là, sa taille n'avait pas d'importance et elle n'en a toujours pas. Elle était et est toujours une petite fille superbe et en santé. Tout comme ses deux sœurs plus âgées. À leurs premiers vagissements, j'ai pleuré des larmes de joie. Puis, quand j'ai su que leur glycémie était normale et que je pouvais les tenir dans mes bras, mon cœur a dansé.

J'ai été heureuse de pouvoir les prendre dans mes bras chaque jour depuis ce temps. Et de leur apprendre à danser.

Mes filles n'ont pas eu à maîtriser la gestion du diabète. J'espère qu'elles n'auront pas à apprendre cette danse. Mais si elles doivent la danser, je sais exactement ce que je leur enseignerai.

Dansez. Même lorsque la vie est douloureuse. Elle vaut chacun des pas.

♥ *Amy Wallace*

À propos de…

Jack Canfield, cocréateur de la série *Bouillon de poulet pour l'âme*, est l'un des meilleurs spécialistes américains du développement du potentiel humain et de l'efficacité personnelle. Conférencier dynamique et coloré, il est également un conseiller très en demande. Il possède une extraordinaire capacité à informer et à inspirer son auditoire, pour l'amener à améliorer son estime de soi et à maximiser son rendement. Il est l'auteur ou le coauteur de nombreux livres, incluant *Osez gagner, Le pouvoir d'Aladin, 100 Ways to Build Self-Concept in the Classroom, Heart at Work* et *La force du focus*. Son dernier livre est *The Success Principles.*

www.jackcanfield.com

Mark Victor Hansen, cocréateur de la série *Bouillon de poulet pour l'âme,* est grandement respecté dans le domaine du potentiel humain. Depuis plus de trente ans, Mark s'est consacré uniquement à aider les gens de tous les horizons à refaçonner leur vision personnelle de ce qui est possible. Ses puissants messages de possibilités, d'occasions et d'action ont suscité de grands changements dans des milliers d'entreprises et chez des millions d'individus à travers le monde. Il est un auteur prolifique qui a écrit de nombreux livres à succès dont *Le millionnaire minute, La force du focus, Le pouvoir d'Aladin* et *Osez gagner.*

www.markvictorhansen.com

Dr Byron Hoogwerf, M.D., est né au Minnesota et a fait son cours de médecine, sa résidence et sa formation en endocrinologie à l'université du Minnesota et au Hennepin County Medical Center. Il a passé quatre années à la faculté de médecine de l'université du Minnesota avant de passer à la Cleveland Clinic en 1985 où il est médecin membre du personnel au Département d'endocrinologie, et membre du Cardiology Prevention Clinic. Il a été directeur de programme pour le programme d'enseignement et de recherche de 1991 à 1996, et le programme de résidence en médecine interne de 1997 à 2004.

Ancien président de la Diabetes Association of Greater Cleveland, il participe activement aux activités de l'American Diabetes Association. Il a siégé aux conseils d'administration affiliés de l'Ohio et du Minnesota, au Professional Practice Committee. Il a assuré la présidence du Council on Nutritional Sciences and Metabolism et a été membre des Nutrition Guidelines Task Force Groups de 1994, 2002 et 2005. Il était membre du conseil national de l'ADA de 1998 à 2001, président du ADA Publications Policy Committee de 2000 à 2002 et membre actuel du Physician Recognition Committee. Il est membre associé de l'American College of Physicians, membre de l'Endocrine Society, membre fondateur d'AACE, membre associé de l'American College of Endocrinology et membre de l'American Heart Association.

Bobbi Dempsey est une rédactrice/éditrice à la pige pour de nombreux magazines nationaux, incluant *Parents, Family Circle, Men's Fitness, Health* et plusieurs autres. Elle est aussi l'auteure de plusieurs livres sur une grande variété de sujets, allant de l'inspection des maisons jusqu'à la fabrication de la crème glacée maison.

www.magazine-writer.com

Ressources

- Agence de santé publique du Canada
  Tél.: (514) 283-2306 — Téléc.: (514) 283-6739
  www.phac-aspc.gc.ca/ccdpc-cpcmc/diabetes-diabete/francais/index.html
- Association canadienne du diabète
  www.diabetes.ca/section_main/francais.asp
- Diabète Québec
  Tél.: 1-800-361-3504
  www.diabete.qc.ca
- Femmes en santé
  www.femmesensante.ca/centres/diabetes/index.html
- Fondation de la recherche sur le diabète juvénile
  Tél.: (905) 944-8700 — Téléc.: (905) 944-0800
  Sans frais: 1-877 CURE 533 — general@jdrf.ca
- Fondation pour enfants diabétiques
  www.diabete-enfants.ca
- Mon diabète
  www.mondiabete.net

Autorisations

Nous aimerions remercier les nombreuses personnes et éditeurs qui nous ont permis de reproduire les textes suivants.

Je ne suis pas capable. Reproduit avec l'autorisation de Page Garfinkel. ©2005 Page Garfinkel.

Une équipe de soutien du diabète médaillée. Reproduit avec l'autorisation de Gary Hall. ©2005 Gary Hall.

Le cadeau. Reproduit avec l'autorisation de Sally Friedman. ©2004 Sally Friedman.

Un réveil alarmant. Reproduit avec l'autorisation de Dvora Waysman. ©2005 Dvora Waysman.

Ensemble pour toujours. Reproduit avec l'autorisation de Marci Sloane ©2005 Marci Sloane.

Un diagnostic de diabète. Reproduit avec l'autorisation de Nellie Levine. ©2005 Nellie Levine.

Pas si mauvais. Reproduit avec l'autorisation de Ava Pennington. ©2005 Ava Pennington.

Espérer *un miracle.* Reproduit avec l'autorisation de Jennifer Merrill. ©2005 Jennifer Merrill.

Le bateau du diabète. Reproduit avec l'autorisation de Harriet Cooper. ©2004 Harriet Cooper.

Un voyage de joie. Reproduit avec l'autorisation de Jaye Lewis. ©2005 Jaye Lewis.

Une adolescente diabétique s'attaque à la phobie des aiguilles. Reproduit avec l'autorisation de Sonya Nicole Nikadie. ©2005 Sonya Nicole Nikadie.

Une nouvelle vie... le conte du type 2. Reproduit avec l'autorisation de Karen Proctor. ©1999 Karen Proctor. D'abord publié dans *The Challenge,* le bulletin de l'International Diabetic Athletic Association.

La vie peinte par numéros. Reproduit avec l'autorisation de Kathryn M. Lay. ©2000 Kathryn M. Lay. D'abord publié sur *Heartwarmers.com.*

Un doux au revoir. Reproduit avec l'autorisation de Lydia Witherspoon. ©2004 Lydia Witherspoon.

Une accro de la malbouffe repentie à contrecœur. Reproduit avec l'autorisation de Marcelle Kraynak. ©2005 Marcelle Kraynak.

Je veux un biscuit. Reproduit avec l'autorisation de Jennifer Angelo. ©2005 Jennifer Angelo.

L'assassin périphérique! Reproduit avec l'autorisation de Mike Finley. ©2001 Mike Finley.

L'impact émotionnel du diabète. Reproduit avec l'autorisation de Candy Arrington. ©2001 Candy Arrington. Adapté d'un essai publié dans *War Cry* de The Savation Army, 22 juin 2002.

Apaiser la douleur d'une pelote à épingles. Reproduit avec l'autorisation de Debbie Okun Hill. ©2005 Debbie Okun Hill.

Aux yeux d'une sœur. Reproduit avec l'autorisation de Jodi L. Munro. ©2005 Jodi L. Munro.

Danser avec le diabète. Reproduit avec l'autorisation de Amy Wallace. ©2005 Amy Wallace.

Série VIVRE EN SANTÉ

ASTHME

Mythes courants • Déclencheurs de l'asthme • Nouveaux traitements • La vérité à propos de l'exercice • Prévenir les crises d'asthme • Parler de l'asthme • Circonstances spéciales pour les enfants, les adolescents et pour la vie adulte • Votre plan d'action complet contre l'asthme

978-2-89092-377-5

CANCER DU SEIN

Comprendre votre diagnostic • Collaborer avec votre médecin • Dialoguer avec les amis et la famille • Les options de traitement • De la calvitie aux prothèses mammaires • Guérison émotionnelle • Vaincre les effets secondaires • Thérapies parallèles • Trouver des groupes de soutien • Combattre le cancer du sein

978-2-89092-361-4

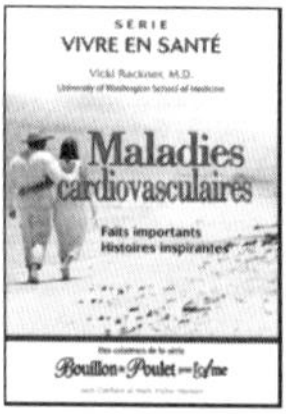

MALADIES CARDIOVASCULAIRES

Comprendre votre diagnostic • Collaborer avec votre médecin • Pression artérielle et cholestérol • Le régime DASH • Exercices appropriés • Traitements parallèles • Chirurgie et autres options • Attitude et santé • Réadaptation cardiaque • Vivre mieux que jamais avec une maladie cardiovasculaire

978-2-89092-362-1

MÉNOPAUSE

Mythes courants • Faits inconnus • Dialogue avec les amis et la famille • Des sautes d'humeur à la « pause mentale » • Soulagement des symptômes • Mettez du piquant dans votre vie • La vérité sur la thérapie hormonale • Traitements non conventionnels • Prise en charge de votre santé • Le côté positif de la ménopause

978-2-89092-363-8

PERTE DE POIDS

Objectifs de perte de poids • La bonne attitude • Trucs de régime • Collations santé • Alimentation émotionnelle • Les fêtes et les affaires de famille • S'exercer intelligemment • Trouver du soutien • Aimez la nouvelle personne que vous êtes

978-2-89092-364-5

STRESS

Déclencheurs de stress • Conséquences sur la santé • Surmonter le stress au travail • Manger à cause du stress • Réseaux de soutien • Spiritualité • Exercice • Quand vos êtres chers sont stressés • Le stress chez les enfants et les adolescents • Simplicité • Vos tests de stress personnels

978-2-89092-376-8